CURSO DE
DISCIPULADO

IGLE **CRECIMIENTO**
U N I V E R S I T Y

NIVEL
1

DESARROLLA TU FE

ÍNDICE

INTRODUCCIÓN

Presentamos el libro de Discipulado **Nivel 1**, como una contribución para el desarrollo integral de cada uno de nuestros miembros. Este nivel de Discipulado tiene como objetivo afirmar a los nuevos convertidos en la fe a través de ayudarles con temas prácticos para establecer hábitos y disciplinas cristianas en su vida, motivándolos a comprometerse con Dios y con su iglesia.

Este material de entrenamiento está dedicado al liderazgo y a la iglesia esforzada que cada semana trabajan en hacer discípulos mediante la Palabra de Dios con el deseo de contribuir a la formación de los miembros de su GPS, y también al fortalecimiento de la Iglesia local.

Quienes hayan leído este libro podrán avanzar al siguiente material, el libro 2 de Discipulado. Adicionalmente, también recibirán su certificado de Membresía de Mi Casa de Adoración con fecha retroactiva a la primera vez que asistió a nuestra congregación.

Certificado de Bautismo,
Quedará habilitado para el proximo evento de bautismo.
Si ya se bautizó, se extiende certificado.

Una vez que usted haya leído este material deberá tener como aprendizaje lo siguiente:

- ✔ Comprender su nueva relación con Dios.
- ✔ Entrenamiento en Disciplinas cristianas necesarias para su crecimiento espiritual.
- ✔ Oportunidades de Servicio en cualquier área de servicio en la Iglesia.
- ✔ Lectura del libro de apoyo al nivel que también tiene calificación.
- ✔ Participación en los servicios de la Iglesia.
- ✔ Ministración especial para hablar en lenguas e interpretarlas.
- ✔ Experiencia práctica de evangelismo, fe y bautismo de poder.

Haciendo Discípulos que "Transforman La Cultura"

"En Cambio, hablaremos la verdad con amor y así creceremos
en todo sentido hasta parecernos más y más a Cristo..."
Efesios 4:15 (NLT)

Nota: La gran mayoría de las referencias bíblicas se basan en la versión Reina-Valera 1960 (RVR1960), aunque también se usan otras versiones como la Nueva Traducción Viviente (NTV), Nueva Versión Internacional (NVI) Dios Habla Hoy (DHH) para enriquecer las enseñanzas. Se le da prioridad a RVR1960 para efecto de estos estudios.

Visión

Misión

Valores

Propósito

Estrategia

Hechos 2:17-18 *"17 "En los últimos días —dice Dios—, derramaré mi Espíritu sobre toda la gente. Sus hijos e hijas profetizarán. Sus jóvenes tendrán visiones, y sus ancianos tendrán sueños. 18 En esos días derramaré mi Espíritu aun sobre mis siervos —hombres y mujeres por igual—y profetizarán."*

NUESTRA VISION

*"**Nuestra visión es ser y hacer líderes de Jesucristo**"*. Aunque también queremos llevar a nuestros amigos a una conversión genuina con Jesucristo y posteriormente llevarlos a su proceso de desarrollo integral para que se conviertan en líderes de Jesucristo y a su vez ellos hagan a otros líderes de Jesucristo con una visión transformadora.

Entendemos que ser un líder implica influenciar con el propósito de transformar.
Si mantenemos esta filosofía de vida lograremos impactar la mayor cantidad de personas de forma positiva y para el Señor.

***Romanos 12:8** "Si tu don consiste en animar a otros, anímalos. Si tu don es dar, hazlo con generosidad. Si Dios te ha dado la capacidad de liderar, toma la responsabilidad en serio. Y si tienes el don de mostrar bondad a otros, hazlo con gusto."*

El Liderazgo es un don espiritual. Liderar (dirigir) es una *"gracia"* es decir un don o *"carisma"*, por eso como cualquier otro don, se manifiesta por voluntad de Dios para bendición del cuerpo de Cristo. Cuando hablamos de liderazgo espiritual a la luz de este texto, debemos considerar al menos 4 cosas:

1. El liderazgo espiritual no está condicionado por nuestros talentos innatos sino por la acción del Espíritu Santo en nuestra vida.

2. El liderazgo espiritual debe ser ejercido para bendición del cuerpo de Cristo.

3. El liderazgo espiritual tiene una forma específica de ser ejercido.

4. El líder espiritual cultiva una equilibrada imagen de sí mismo.

Génesis 1:28 "Luego Dios los bendijo con las siguientes palabras: «Sean fructíferos y multiplíquense. Llenen la tierra y gobiernen sobre ella. Reinen sobre los peces del mar, las aves del cielo y todos los animales que corren por el suelo»".

Para todo ser humano.

Dios no pediría algo si no nos da lo que necesitamos para hacerlo. No lo podríamos hacer si no tuviéramos el don del liderazgo.

NUESTRA MISIÓN

"Nuestra misión es hacer líderes de Jesucristo". Queremos llevar a nuestros amigos a una conversión genuina con Jesucristo y posteriormente llevarlos a su proceso de desarrollo integral para que se conviertan en líderes de Jesucristo y a su vez ellos hagan otros líderes de Jesucristo con una visión transformadora.

Mateo 28:19 *"Por lo tanto, vayan y hagan discípulos de todas las naciones, bautizándolos en el nombre del Padre y del Hijo y del Espíritu Santo."*

NUESTROS VALORES

Valores de nuestra cultura de Iglesia

Nuestros valores cristianos en nuestra cultura de Iglesia son los siguientes:

- ✔ **Disciplinas Cristianas.**
- ✔ **La Integridad.**
- ✔ **La Familia.**
- ✔ **Servicio en equipo.**
- ✔ **Vida en el Espíritu**
- ✔ **La humildad.**
- ✔ **Solvencia Financiera.**
- ✔ **La Educación.**
- ✔ **El amor.**
- ✔ **La Fe.**

Lo más importante de nuestros valores no es saberlos y enseñarlos, sino vivirlos.

Santiago 1:22

Entonces Jesús les dijo: —Todos ustedes se escandalizarán de mí esta noche, porque está escrito: Heriré al Pastor, y las ovejas del rebaño serán dispersadas.

RVA-2015

Nuestros Propósitos

- **Comunión:** *Marcos 12:31 "El segundo es igualmente importante: "Ama a tu prójimo como a ti mismo". Ningún otro mandamiento es más importante que estos."*

- **Adoración:** *Marcos 12:30 "Ama al Señor tu Dios con todo tu corazón, con toda tu alma, con toda tu mente y con todas tus fuerzas."*

- **Evangelismo:** *Mateo 28:19 "Por lo tanto, vayan y hagan discípulos de todas las naciones, bautizándolos en el nombre del Padre y del Hijo y del Espíritu Santo"*

- **Discipulado:** *Mateo 28:20 "Enseñen a los nuevos discípulos a obedecer todos los mandatos que les he dado. Y tengan por seguro esto: que estoy con ustedes siempre, hasta el fin de los tiempos."*

- **Servicio:** *Hechos 13:36 "Este salmo no hace referencia a David, pues, después de haber hecho la voluntad de Dios en su propia generación, David murió, fue enterrado con sus antepasados y su cuerpo se descompuso."*

Efesios 4:12 "Ellos tienen la responsabilidad de preparar al pueblo de Dios para que lleve a cabo la obra de Dios y edifique la iglesia, es decir, el cuerpo de Cristo."

Estrategias a desarrollar

Los grupos familiares

Hechos 2: 46 "*Adoraban juntos en el templo cada día, se reunían en casas para la Cena del Señor y compartían sus comidas con gran gozo y generosidad.*"

Cuidaremos el corazón del Liderazgo

Mateo 26:31 "*... porque está escrito:*
Heriré al Pastor, y las ovejas del rebaño serán dispersadas".

Ministración, Evaluación y Proyección para líderes (MEP)

Lucas 14:28 "*Sin embargo, no comiences sin calcular el costo. Pues, ¿quién comenzaría a construir un edificio sin primero calcular el costo para ver si hay suficiente dinero para terminarlo?*"

Reunión Familiar:

Hechos 2: 47 "*todo el tiempo alabando a Dios y disfrutando de la buena voluntad de toda la gente. Y cada día el Señor agregaba a esa comunidad cristiana los que iban siendo salvos.*"

PDI (Proceso de Desarrollo Integral):

1 Corintios 3:6 "Yo planté la semilla en sus corazones, y Apolos la regó, pero fue Dios quien la hizo crecer."

Gálatas 4:19 "¡Oh mis hijos queridos! Siento como si volviera a sufrir dolores de parto por ustedes, y seguirán hasta que Cristo se forme por completo en sus vidas."

Celebraciones Inspiradoras:

1 *1 Corintios 14:26 Ahora bien, mis hermanos, hagamos un resumen. Cuando se reúnan, uno de ustedes cantará, otro enseñará, otro contará alguna revelación especial que Dios le haya dado [Profetizar], otro hablará en lenguas y otro interpretará lo que se dice; pero cada cosa que se haga debe fortalecer a cada uno de ustedes."*

2 Celebraciones Dominicales.

3 Celebraciones de Poder. (Dia de Semana)

Ministerios Efectivos:

Efesios 4:12 "Ellos tienen la responsabilidad de preparar al pueblo de Dios para que lleve a cabo la obra de Dios y edifique la iglesia, es decir, el cuerpo de Cristo."

El ministerio efectivo de evangelización promueve una pastoral evangelizadora y misionera que convoque a todos al encuentro con Cristo, educa en la fe católica y capacita para dar testimonio de vida cristiana. Esta acción evangelizadora y educativa está dirigida a toda la comunidad e incluye varios ministerios.

Enseñanzas Bíblicas acerca de tu salvación

> **Efesios 2:8-9** *"Porque por gracia sois salvos por medio de la fe; y esto no de vosotros, pues es don de Dios; 9 no por obras para que nadie se gloríe."*

En algunos países, el presidente de la República puede otorgar la llamada *"gracia presidencial",* que consiste básicamente en lograr perdón para conservar la vida en reos condenados a muerte, por haber cometido delitos graves. En Guatemala, en tiempos pasados, ante varios presidentes se interpuso este Recurso y varios reos condenados a muerte lograron salvar su vida. Al igual que esos reos nosotros éramos culpables ante Dios, pero el decidió otorgarnos su *"gracia divina"*, sin merecerlo, por medio de Jesucristo. En Guatemala la "gracia presidencial" fue eliminada de la constitución de la república en 1.985 pero la *"gracia divina"* aún está vigente para todo aquel que quiera acogerse a ella.

Enseñanzas bíblicas acerca de tu salvación:

1 *Es necesario que nazcas de nuevo para ser Salvo.*

- ***El Nacimiento Físico: Génesis 4:1*** *"Conoció Adán a su mujer Eva, la cual concibió y dio a luz a Caín, y dijo: Por voluntad de Jehová he adquirido varón. ²Después dio a luz a su hermano Abel"*. Dios estableció un método para que la humanidad se reproduzca. Todos los seres humanos tienen un nacimiento biológico o físico, lo cual demuestra que eres creación de Dios, pero es con el nuevo nacimiento que eres adoptado y reconocido como hijo de Dios.

- ***El Nacimiento Espiritual:*** Esto es lo que conocemos como el nuevo nacimiento o nacimiento a la vida eterna. ***Juan 3:3-6*** *"Respondió Jesús y le dijo: De cierto, de cierto te digo, que el que no naciere de nuevo, no puede ver el reino de*

Dios. ⁴Nicodemo le dijo: ¿Cómo puede un hombre nacer siendo viejo? ¿Puede acaso entrar por segunda vez en el vientre de su madre, y nacer? ⁵Respondió Jesús: De cierto, de cierto te digo, que el que no naciere de agua y del Espíritu, no puede entrar en el reino de Dios. ⁶Lo que es nacido de la carne, carne es; y lo que es nacido del Espíritu, espíritu es". Ahora que tienes a Cristo en tu corazón has nacido de nuevo, es decir espiritualmente.

2 *Tu Salvación es eterna a través de Jesucristo.*

- ***El pecado te separaba de Dios. Romanos 6:23** "Porque la paga del pecado es muerte, más la dádiva de Dios es vida eterna en Cristo Jesús Señor nuestro".* Dios es Santo. Él aborrece el pecado, pero ama al pecador. Por eso es que toco tu corazón y limpió tus pecados.

- ***Dios envió a su hijo a morir por tus pecados. Juan 3:16** "Porque de tal manera amó Dios al mundo, que ha dado a su Hijo unigénito, para que todo aquel que en él cree, no se pierda, mas tenga vida eterna"* La muestra más grande del amor de Dios por ti, fue enviar a su hijo para reconciliarte con él.

- ***Por eso murió su hijo**.* Murió para perdonarte todos tus pecados. **Romanos 5:8 *"Mas Dios muestra su amor para con nosotros, en que siendo aún pecadores, Cristo murió por nosotros"***. No importando la clase de vida que llevaste antes, él quiso que su Hijo cargara con el castigo y sufrimiento que tú y yo merecíamos.

- ***Esta Salvación nunca la pierdes. Efesios 2:8-10** "Porque por gracia sois salvos por medio de la fe; y esto no de vosotros, pues es don de Dios; ⁹no por obras, para que nadie se gloríe. ¹⁰Porque somos hechura suya, creados en Cristo Jesús para buenas obras, las cuales Dios preparó de antemano para que anduviésemos en ellas"*. En la Biblia la palabra "don" significa "regalo". La salvación es un regalo inmerecido que Dios te da y que no depende de ti, por eso nunca la pierdes, es eterna. **Romanos 6:23** *"Porque la paga del pecado es muerte, más la dádiva de Dios es vida eterna en Cristo Jesús Señor nuestro".* La salvación no es algo que tienes hoy y pierdes mañana y recuperas pasado mañana, es para siempre.

③   *Dios te da la Salvación como un regalo*

- *Cuando crees en Jesucristo por medio de la fe.* Romanos 10:9-10 *"que si confesares con tu boca que Jesús es el Señor, y **creyeres** en tu corazón que Dios le levantó de los muertos, serás salvo. [10]Porque con el corazón se cree para justicia, pero con la boca se confiesa para salvación".* Creer es el requisito fundamental para que Jesucristo venga a morar a tu corazón. En la Biblia el significado correcto de la palabra *"creer"* es agarrarse o adherirse a algo, en este caso agarrarse o adherirse a Jesucristo.

- *Cuando confiesas con tu boca que Jesús es tu Señor.* **Romanos 10:9-10.** *"que si confesares con tu boca que Jesús es el Señor, [10]Porque con el corazón se cree para justicia, y crees en tu corazón que Dios lo levantó de entre los muertos, serás salvo, porque con el corazón se cree para justicia, **pero con la boca se confiesa para salvación".** El milagro del nuevo nacimiento pasa por la boca al confesar nuestros pecados y recibir a Jesucristo como Señor y Salvador. **Juan 1:12 "Mas a todos los que le recibieron, a los que creen en su nombre, les dio potestad de ser hechos hijos de Dios".** Por eso en Iglecrecimiento University utilizamos la frase bíblica **"recibir a Jesucristo"** y no "aceptar a Jesucristo".

- *Cuando confías en su gracia y no en tus obras.* **Tito 3:4-5** *"Pero cuando se manifestó la bondad de Dios nuestro Salvador, y su amor para con los hombres, [5]nos salvó, no por obras de justicia que nosotros hubiéramos hecho, sino por su misericordia, por el lavamiento de la regeneración y por la renovación en el Espíritu Santo".* No haces buenas obras para ser salvo, haces buenas obras como evidencia de que eres salvo por la Gracia de Dios a través de Jesucristo.

Conclusión

Dios por su misericordia, ha perdonado todos tus pecados, y te ha dado la vida eterna sin merecerla. Gracias al Sacrificio perfecto de Jesucristo en la Cruz del Calvario ahora tienes vida eterna, por lo que debes ser agradecido con Dios honrándole en todas las áreas de tu vida.

Repite con todo tu corazón la siguiente oración:

"Señor Jesucristo: Gracias por que me amas y entiendo que te necesito. Gracias porque moriste en la cruz por mí, te pido perdón por todos mis pecados. Te abro la puerta de mi corazón y te recibo como mi Señor y Salvador. Ocupa el trono de mi vida. Hazme la persona que tú quieres que sea. Gracias por perdonar mis pecados y darme el regalo de la vida eterna, en el nombre de Jesús. Amén."

Acá te dejamos un breve cuestionario para que lo respondas y entregues una copia aparte a tu líder inmediato o persona designada, al terminar de leer este libro.

1 ¿Cuáles son los Nacimientos de los que habla la biblia?

☐ Nacimiento Físico. ☐ Adopción.

☐ Nacimiento Legal. ☐ Nacimiento Espiritual.

2 ¿Qué es "Gracia Presidencial"?

☐ Pago de impuestos.

☐ Privilegios adquiridos por vivir en el país donde se encuentra.

☐ El perdón para conservar la vida, a personas sentenciadas a pena de muerte.

☐ Todas la anteriores.

3 ¿Por medio de quién Dios nos da su "Gracia Divina"?

- [ ] Por medio del Pastor.
- [ ] Por medio de los Profetas.
- [ ] Por medio de los Ángeles.
- [ ] Por medio de Jesucristo.

4 ¿Podemos perder la Salvación?

- [ ] Verdadero
- [ ] Falso

5 Seleccione una consecuencia del Pecado:

- [ ] Te une a Dios.
- [ ] Te da gozo.
- [ ] Te da fuerzas.
- [ ] Te separa de Dios.

6 ¿A quién envió Dios a morir por nuestros pecados? Juan 3:16

- [ ] Envió a los Apóstoles.
- [ ] Envió a los hermanos.
- [ ] Las dos anteriores.
- [ ] Envió a su Hijo para reconciliarnos con él.

7 ¿Qué debemos de hacer con el regalo de la Salvación?

- ☐ Asistir al cumpleaños del Pastor.
- ☐ Creer en Jesucristo por medio de la fe.
- ☐ Asistir a un grupo de apoyo (GPS).
- ☐ Confesar con tu boca que Jesús es tu Señor.
- ☐ Creer que soy salvo por fe no por obras.
- ☐ Todas las anteriores.

8 ¿Cuál es significado correcto que la Biblia le da a la palabra "creer"?

- ☐ Valentía.
- ☐ Actitud Positiva.
- ☐ Las dos anteriores.
- ☐ Agarrarse o Adherirse a algo.
- ☐ Agarrarse o Adherirse a Jesucristo.

9 ¿Qué obtenemos del Sacrificio Perfecto de Jesucristo en la cruz del Calvario?

- ☐ Una mejor vida.
- ☐ Mejor posición en el trabajo.
- ☐ Vida eterna.
- ☐ Perdón de pecados.
- ☐ Sanidad divina.

9 ¿Cuál es el requisito fundamental para que Jesucristo viva en tu corazón?

- ☐ Hacer Ayuno una vez al mes.
- ☐ Hacer vigilia una vez al año.
- ☐ Doblar rodillas cada seis meses.
- ☐ Todas las anteriores.
- ☐ Creer en Jesucristo

Consejos para establecer el hábito de la oración en tu vida

Deseamos motivar y guiar al nuevo convertido, para que él mismo establezca el hábito de la oración en su vida.

1ª Tesalonicenses 5:17 "Orad sin cesar".

Se dice que una iglesia no es más grande que su vida de oración. También se afirma *"Se dice que el hermano cayó en pecado, pero no se dice que ya había dejado de orar"*. Existe en todo cristiano la necesidad de orar más y esa necesidad es puesta por el Espíritu Santo. Orar es hablar con Dios como se habla con un amigo.

1 *Entiende los beneficios de la oración*

- *Te fortalece para resistir la tentación. Mateo 26:41 "Velad y orad, para que no entréis en tentación; el espíritu a la verdad está dispuesto, pero la carne es débil".* Hay un pensamiento que dice: "La oración nos aleja del pecado o el pecado nos aleja de Dios". Al orar te fortaleces espiritualmente y si la tentación aparece, la puedes vencer con el poder que te da la oración.

- *Te ayuda para tener un buen testimonio. Juan 15:4 "Permaneced en mi, y yo en vosotros. Como el pámpano no puede llevar fruto por si mismo, si no permanece en la vid, así tampoco vosotros, si no permanecéis en mi."* El fruto en todas las áreas de tu vida espiritual es posible si permaneces unido a él en oración, es decir si das un buen testimonio.

- ***Te ayuda a vencer la preocupación y la ansiedad. Filipenses 4:6-7** "Por nada estéis afanosos, sino sean conocidas vuestras peticiones delante de Dios en toda oración y ruego, con acción de gracias. ⁷Y la paz de Dios, que sobrepasa todo entendimiento, guardará vuestros corazones y vuestros pensamientos en Cristo Jesús".* Cuando tengas una preocupación o ansiedad por alguna situación en tu vida, la Biblia te enseña que debes exponerlo a Dios en oración y eso llenara de paz tu corazón y tus pensamientos.

- ***Te permite recibir respuesta de Dios a tus peticiones. Juan 16:24** "Hasta ahora nada habéis pedido en mi nombre; pedid, y recibiréis, para que vuestro gozo sea cumplido".* La Biblia te enseña que cuando pides en el nombre de Jesús y eres guiado por el Espíritu Santo obtendrás lo que pidas. La Biblia también te enseña en *Santiago 5:16c "La oración eficaz del justo puede mucho.",* por lo tanto, aprende que tu oración es poderosa y puedes lograr cualquier cosa por imposible que parezca.

- ***Te llena del poder de Dios. Hechos 9:40-42** "Entonces, sacando a todos, Pedro se puso de rodillas y oró; y volviéndose al cuerpo, dijo: Tabita, levántate. Y ella abrió los ojos, y al ver a Pedro, se incorporó. ⁴¹Y él, dándole la mano, la levantó; entonces, llamando a los santos y a las viudas, la presentó viva. ⁴²Esto fue notorio en toda Jope, y muchos creyeron en el Señor."* El apóstol Pedro oró y esta oración le devolvió la vida a una mujer llamada Tabita. Los milagros, señales y maravillas del poder Dios pasan por la boca y esto produce milagros.

2 *Practica las instrucciones bíblicas parauna oración eficaz*

- *Habla sinceramente con Dios como con un amigo. Mateo 6:7-8 "Y orando, no uséis vanas repeticiones, como los gentiles, que piensan que por su palabrería serán oídos. [8]No os hagáis, pues, semejantes a ellos; porque vuestro Padre sabe de qué cosas tenéis necesidad, antes que vosotros le pidáis.".* Cuando ores no es necesario que uses palabras muy religiosas para hablar con Dios tales como: "Altísimo Señor", "Omnipotente Dios", etc. Claro que, si las usas no esta rá mal. Pero es muy bueno hablar con Dios como si hablaras con un amigo, porque él es tu mejor amigo. Cuéntale con sinceridad como te sientes sin tratar de ocultar si estas triste, molesto, decepcionado o frustrado porque antes de que digas una palabra Él ya la conoce. Por lo tanto, se sincero y respetuoso con Dios y él se alegrará que le tienes confianza para contarle todo lo que sucede en tu vida.

- *Dedica un tiempo diario para orar. Daniel 6:10 "Cuando Daniel supo que el edicto había sido firmado, entró en su casa, y abiertas las ventanas de su cámara que daban hacia Jerusalén, se arrodillaba tres veces al día, y oraba y daba gracias delante de su Dios, como lo solía hacer antes".* Daniel tenía la costumbre de orar tres veces al día y hablar con Dios. Él tenía el hábito de la oración. Es necesario que dediques diez o quince minutos diarios de oración y proponte aumentarlo continuamente. También es muy importante que tu tiempo de oración sea en el mismo horario, es decir durante la mañana, en la tarde o por la noche, de acuerdo con tus ocupaciones y en el mejor momento para tener privacidad en tu comunión con Dios. Lo importante es que lo hagas a la misma hora para crear este hábito en tu vida. Durante el día debes mantenerte en comunión con Él. En este versículo también ves que Daniel en su oración daba gracias delante de Dios; es necesario que aprendas a orar antes de cada comida para darle gracias al Señor por los alimentos.

- *Escoge un lugar privado para orar. Mateo 6:6 "Mas tú, cuando ores, entra en tu aposento, y cerrada la puerta, ora a tu Padre que está en secreto; y tu Padre que ve en lo secreto te recompensará en público".* Es necesario que cuando ores puedas tener privacidad, que sea en un horario fijo, procurando no ser interrumpido y así tengas un buen momento de oración.

- *Escoge un lugar específico para orar. Mateo 22:39-40 "Y saliendo, se fue, como solía, al monte de los Olivos; y sus discípulos también le siguieron. ⁴⁰Cuando llegó a aquel lugar, les dijo: Orad que no entréis en tentación"* También es recomendable que siempre ores en el mismo lugar, ya que cada vez que veas ese espacio en donde oras, te recordará que Dios te está esperando y quiere platicar contigo.

- *Elabora una lista con tus peticiones de oración. Santiago 4:3 "Pedís, y no recibís, porque pedís mal (...)".* Es importante que elabores una lista de peticiones antes de comenzar a orar, para luego leerlas y pedir a Dios por cada una de ellas. Hay oportunidades en que pedimos, pero lo hacemos mal, a veces sin ser específicos, pero tener una lista de peticiones te ayudará a tener oraciones con respuesta.

Conclusión

El reformador Martín Lutero dijo: *"Si comienzo el día sin haber orado, no habré comenzado bien el día y estaré expuesto al enemigo".* También decía: *" Cuando estoy muy ocupado, oro dos horas al día".*

Acá te dejamos un breve cuestionario para que lo respondas y entregues una copia aparte a tu líder inmediato o persona designada, al terminar de leer este libro.

1   ¿Cuáles son los beneficios de la oración?

- ☐ Cuando tú oras te fortaleces espiritualmente.
- ☐ Puedes contarle todo lo que sucede en tu vida.
- ☐ Te ayuda en medio de la tentación.
- ☐ Todas las anteriores.

2   ¿Qué hábitos promueven una oración efectiva?

- ☐ Te permite recibir respuestas de Dios.
- ☐ Te llena del poder de Dios.
- ☐ Escoger un lugar específico para orar.
- ☐ Mantener un mismo horario para crear el hábito.
- ☐ Todas las anteriores.

3   Cuando oro ¿Como hablo con Dios?

- ☐ Repitiendo lo mismo muchas veces.
- ☐ Con lenguaje sofisticado y muy formal.
- ☐ Como quien habla con un amigo.

4   ¿Al orar pedimos en el nombre de quién?

☐ En nombre del pastor de mi Iglesia.

☐ En el Nombre de Jesús.

☐ En el nombre del Presidente.

☐ En el nombre del Papa.

5   ¿Por qué puede un creyente caer en pecado?

☐ Porque dejó de Orar.

☐ Porque dejó de Congregarse.

☐ Porque no tiene el apoyo de un GPS.

☐ Todas las anteriores.

6   ¿La oración te ayuda a no caer en tentación?

☐ Verdadero

☐ Falso

7   Los milagros, señales y maravillas del poder de Dios se logran:

☐ Asistiendo a la Iglesia.

☐ En oración.

☐ Bautizándonos.

8 ¿Como debemos expresarnos cuando oremos al Señor?

☐ Sincero.

☐ Respetuoso.

☐ Las dos anteriores.

☐ En lenguas.

☐ Todas las Anteriores.

9 Por qué es conveniente tener un lugar y hora específica para orar:

☐ Al pasar por el lugar privado, recordaras que Él espera por ti.

☐ Porque al tener una hora específica, desarrollaras un estilo de vida.

☐ Todas las anteriores.

10 ¿Por qué es importante una lista de peticiones?

☐ Para no olvidar las peticiones.

☐ Poder Orar por todas las peticiones.

☐ Para pedir por mi.

☐ Todas las anteriores.

Consideraciones para establecer el hábito de la lectura Bíblica en tu Vida

Este libro ayuda a motivar y guiar al nuevo convertido a establecer el hábito de la lectura bíblica en su vida.

> ***2ª Timoteo 3:16-17*** *"Toda la Escritura es inspirada por Dios, y útil para enseñar, para reargüir, para corregir, para instruir en justicia, ¹⁷a fin de que el hombre de Dios sea perfecto, enteramente preparado para toda buena obra".*

Estamos aprendiendo los primeros pasos que debemos dar para tener una vida cristiana victoriosa. El tercer paso es leer tu Biblia diariamente. La palabra Biblia viene del vocablo griego: ***"Biblos"*** que significa libros. Es una biblioteca compuesta de 66 libros, unos grandes y otros pequeños, pero escritos por separado; y que Dios reveló para nuestra instrucción. El origen de la Biblia se remonta más o menos al año 2,000 antes de Jesucristo, cuando Job escribió su libro y llega hasta casi el año 95 después de Jesucristo, cuando el apóstol Juan escribió el Apocalipsis, es un periodo de casi 2,200 años.

En este día queremos compartirte algunas consideraciones para que establezcas el hábito de leer la Biblia diariamente.

1 *Conoce a Dios por medio de la Biblia*

- **Conócelo a través del Antiguo Testamento.** Dios quiso dejarnos un medio para conocerlo: su Palabra. ***Éxodo 17:14*** *"Y Jehová dijo a Moisés: Escribe esto para memoria en un libro".* Debes conocer que el Antiguo Testamento contiene el trato de Dios con el hombre desde la creación hasta antes del nacimiento de nuestro Señor Jesucristo. *Isaías 30:8 "Ve, pues, ahora, y escribe esta visión en una tabla delante de ellos, y regístrala en un libro, para que quede hasta el día postrero, eternamente y para siempre."* El Antiguo Testamento fue escrito en idioma hebreo, y tiene 39 libros que son:

- *Pentateuco:* Génesis, Éxodo, Levítico, Número y Deuteronomio
- *Históricos:* Josué, Jueces, Rut, 1 Samuel, 2 Samuel, 1 Reyes, 2 Reyes, 1 Crónicas, 2 Crónicas, Esdras, Nehemías y Ester.
- *Poéticos:* Job, Salmos Proverbios, Eclesiastés y Cantares
- *Profetas Mayores:* Isaías, Jeremías, Lamentaciones, Ezequiel y Daniel
- *Profetas Menores:* Oseas, Joel, Amos, Abdías, Jonás, Miqueas, Nahum, Habacuc, Sofonías, Hageo, Zacarías y Malaquías.

- *Conócelo a través del Nuevo Testamento. Apocalipsis 1:11* *"que decía: Yo soy el Alfa y la Omega, el primero y el último. Escribe en un libro lo que ves, y envíalo a las siete iglesias que están en Asia: a Efeso, Esmirna, Pérgamo, Tiatira, Sardis, Filadelfia y Laodicea".* El Nuevo Testamento fue escrito en idiomas griego y arameo, este último fue el idioma materno de Jesucristo. Contiene el trato de Dios con el hombre desde el nacimiento de nuestro Señor Jesucristo hasta el fin de la edad apostólica. El Nuevo Testamento tiene 27 libros que son los siguientes:
- *Los Evangelios:* San Mateo, San Marcos, San Lucas y San Juan
- *Libro de los Hechos de los Apóstoles*
- *Las Cartas o Epístolas:* Romanos, 1 Corintios, 2 Corintios, Gálatas, Efesios, Filipenses, Colosenses, 1 Tesalonicenses, 2 Tesalonicenses, 1 Timoteo, 2 Timoteo, Tito, Filemón, Hebreos, Santiago, 1 Pedro, 2 Pedro, 1 Juan, 2 Juan, 3 Juan y Judas.
- *Libro de Revelación:* Apocalipsis.

- *Conócelo a través de todas las Escrituras, pues son inspiradas por Dios. 2ª Pedro 1:19-21* "Tenemos también la palabra profética más segura, a la cual hacéis bien en estar atentos como a una antorcha que alumbra en lugar oscuro, hasta que el día esclarezca y el lucero de la mañana salga en vuestros corazones; [20]entendiendo primero esto, que ninguna profecía de la Escritura es de interpretación privada, [21]porque nunca la profecía fue traída por voluntad humana, sino que los santos hombres de Dios hablaron siendo inspirados por el Espíritu Santo". Nadie debe quitarle, ni añadirle a la escritura de lo contrario acarrea sobre si maldición. A esto se le conoce como preservación del texto sagrado. La Biblia fue escrita por hombres que fueron inspirados por el Espíritu Santo. Aunque toda la escritura es inspirada por Dios, la Biblia no oculta los errores de siervos y siervas de Dios, para que, a través de sus fracasos y errores, nosotros aprendamos. Toda la Biblia tiene 1189 capítulos, divididos en versículos. En los escritos originales no se encuentra la división de capítulos y versículos, sino que fue agregada para facilitar la lectura. Es de hacer notar que en los escritos originales no hay signos de puntuación.

2 *Conoce las Bendiciones de laLectura Bíblica*

- *Te ayuda a vencer las tentaciones. Salmos 119:11* **DHH** *"He guardado tus palabras en mi corazón para no pecar contra ti".* Cuando lees la Biblia te estás alimentando espiritualmente, de manera que cuando venga una tentación a tu vida podrás vencerla ya que el Espíritu Santo te recordará lo que leíste en la Palabra de Dios.

- *Te fortalece en los momentos de dificultad. Salmos 119:49-50* **(Paráfrasis)** *"Tus promesas son mi única esperanza. Ellas me dan fortaleza en todas mis tribulaciones. Cómo me reconfortan y me reavivan".* La Biblia contiene promesas de Dios para su pueblo. En medio de los problemas que enfrentes siempre te llenará de esperanza y te fortalecerá en medio de la tribulación.

- *Te conforta en medio de la tristeza. Jeremías.15:16* **(paráfrasis)** *"Tus palabras me sostienen. Traen alegría a mi doliente corazón y me deleitan".* La palabra de Dios puede cambiar tu tristeza en gozo, pues el saber que hay un Dios que puede cambiar cualquier circunstancia llenará de gozo tu corazón.

- *Te orienta para tomar decisiones correctas. Salmos 119:105* **DHH** *"Tu palabra es una lámpara a mis pies y una luz en mi camino".* En la Biblia encontrarás consejo divino para cualquier decisión que tengas que tomar, será luz a tu vida para tomar las decisiones correctas en todas las áreas de tu vida.

3 *Conoce y sigue consejos prácticos para tener el hábito de la lectura Bíblica*

- *Léela diariamente en un lugar y horario definido. Deuteronomio 17:19* **DHH** *"Siempre deberá tener esa copia consigo, y leerla todos los días de su vida, para que aprenda a reverenciar al Señor su Dios, a respetar todo el contenido de esta enseñanza y a poner en práctica sus mandatos".* Define la hora y el lugar para la lectura de tu Biblia. El leer tres capítulos de lunes a viernes, cinco el sábado y cinco el domingo, te permitirá leer toda la Biblia en un año. Te recomendamos no principiar tu lectura en Génesis, sino con el Evangelio según Juan, luego continua con los otros Evangelios, completa todo el Nuevo Testamento, luego Salmos y Proverbios y entonces Génesis hasta leer todo el Antiguo Testamento.

Nota Importante:

Nuestra iglesia tiene un libro que tu escribes cada día, y que se llama Diario Devocional. Puedes adquirirlo y leer tu Biblia en este orden.

- *Subraya versículos claves y anota lo que Dios te habló. Juan 5:39* "*Escudriñad las Escrituras; porque a vosotros os parece que en ellas tenéis la vida eterna; y ellas son las que dan testimonio de mí*". Cada vez que Dios te hable a través de un versículo subráyalo, y es recomendable que tengas un cuaderno de notas a mano para escribir lo que el Señor ponga en tu corazón. También te recomendamos que adquieras tu Diario Devocional y allí también puedes anotar lo que el Señor te hable al hacer tu lectura y meditación diaria.

- *Memoriza versículos claves. Proverbios 7:2-3* "*Obedece mis mandamientos y enseñanzas; cuídalos como a las niñas de tus ojos, y vivirás.³Átalos a tus dedos, grábatelos en la mente*". Para memorizar puedes seguir los siguientes pasos: escoge un versículo, repite la cita antes y después del versículo, léelo varias veces, escribe el versículo en tarjetitas y mantenlas contigo, consigue un hermano para repasar los versículos aprendidos.

- *Medita en la Biblia y practícala. Josué 1:8* "*Nunca se apartará de tu boca este libro de la ley, sino que de día y de noche meditarás en él, para que guardes y hagas conforme a todo lo que en él está escrito; porque entonces harás prosperar tu camino, y todo te saldrá bien*". Meditar es enfocar tus pensamientos acerca de un versículo de la Biblia, para descubrir cómo puede aplicarse su verdad a tu vida. Lo más importante de todo es que lo que aprendas lo pongas en práctica en tu vida diaria, en tu familia, en tu trabajo, en tu lugar de estudio, etc.

Conclusión

La Biblia es la Palabra de Dios, recuerda que cuando abres tu Biblia, Dios abre su boca, cuando cierras tu Biblia, Dios cierra su boca.

Acá te dejamos un breve cuestionario para que lo respondas y entregues una copia aparte a tu líder inmediato o persona designada, al terminar de leer este libro.

1 ¿Cuándo? ¿A qué hora? y ¿En qué lugar? iniciarás tu lectura bíblica.

☐ En cualquier lugar.

☐ Lugar y hora especifico.

☐ A cualquier hora.

2 Señale los libros que pertenecen al Antiguo Testamento.

☐ Timoteo, Tito Filemón, Hebreos, Santiago, Pedro, Juan, Judas y Apocalipsis.

☐ Josué, Jueces, Rut, 1 Samuel, 2 Samuel, 1 Reyes, 2 Reyes, 1 Crónicas, 2 Crónicas.

☐ Job, Salmos Proverbios, Eclesiastés y Cantares.

☐ Romanos, 1 Corintios, 2 Corintios, Gálatas, Efesios, Filipenses, Colosenses.

☐ Todas las anteriores.

3 Destaca las instrucciones para una lectura bíblica efectiva.

☐ Léela mensualmente en un lugar y horario definido.

☐ Subraya los versículos claves y anota lo que Dios te habló.

☐ Medita en la Biblia y practícala.

☐ Aprende versículos de vez en cuando.

4 Cuantos libros tiene el antiguo testamento:

☐ 27 libros.

☐ 66 libros.

☐ 39 libros.

5 La Biblia es inspirada por:

- ☐ Reina -Valera.
- ☐ Por los discípulos.
- ☐ Por Dios.
- ☐ Por los Apóstoles.

6 ¿En qué testamento encontramos el libro de Job?

- ☐ Nuevo testamento.
- ☐ Antiguo testamento.
- ☐ Futuro testamento.

7 ¿Cuántos profetas mayores hay?

- ☐ 4
- ☐ 12
- ☐ 5

8 La lectura bíblica te ayuda a:

- ☐ Vencer las tentaciones.
- ☐ Te fortalece en los momentos de dificultad.
- ☐ Te orienta a tomar decisiones correctas.
- ☐ Todas las anteriores

9   En que idioma se escribió el Antiguo Testamento.

☐ Hebreo.

☐ Arameo.

☐ Griego.

☐ Hebreo y Arameo.

10   ¿Cómo se llama nuestro devocional y calendario de lectura bíblica?

☐ Pan blanco.

☐ Pan fresco.

☐ Pan caliente.

Actitudes correctas cuando ayunes

Deseamos que luego de leer este libro, cada hermano sea motivado a practicar el ayuno, entendiendo las actitudes correctas.

> **1º Reyes 21:27-29** *"Y sucedió que cuando Acab oyó estas palabras, rasgó sus vestidos y puso cilicio sobre su carne, ayunó, y durmió en cilicio, y anduvo humillado. ²⁸Entonces vino palabra de Jehová a Elías tisbita, diciendo: ²⁹¿No has visto cómo Acab se ha humillado delante de mí? Pues por cuanto se ha humillado delante de mí, no traeré el mal en sus días; en los días de su hijo traeré el mal sobre su casa".*

Es importante recordar que estas aprendiendo como dar tus primeros pasos para tener una vida cristiana victoriosa. Te hemos enseñado acerca de los primeros tres pasos y ahora aprenderás el cuarto paso que es *"el Ayuno"*. Ayuno es la práctica voluntaria de abstenernos de comer alimentos y tomar líquidos por un tiempo específico. Dicha abstención puede ser total o parcial teniendo un objetivo para realizarlo.

La Biblia enseña acerca de varias clases de ayuno:

- **Ayuno, que consiste en abstenerse de alimentos fuertes**, especialmente de carne y de manjares. Daniel y sus compañeros hicieron este ayuno por 10 días. *Daniel 1:12* *"Te ruego que hagas la prueba con tus siervos por diez días, y nos den legumbres a comer, y agua a beber".*

- **Ayuno de uno o más días, absteniéndose de todo alimento y bebida**. *Ester 4:16* *"Y Ester dijo que respondiesen a Mardoqueo: Ve y reúne a todos los judíos que se hallan en Susa, y ayunad por mí, y no comáis ni bebáis en tres días, noche y día; yo también entraré a ver al rey, aunque no sea conforme a la ley; y si perezco, que perezca".* El ayuno debe ser una disciplina constante en la vida de cada creyente. Debe hacerse con gozo y con propósitos definidos pues es el camino para descubrir el poder de Dios. Si piensas hacer un ayuno extenso y sin agua, es importante que tengas consejo médico o de tu pastor antes de realizarlo.

Veamos siete actitudes correctas para ayunar

1 **Hazlo con humillación:** *1º Reyes 21:27-29* *"Y sucedió que cuando Acab oyó estas palabras, rasgó sus vestidos y puso cilicio sobre su carne, <u>ayunó</u>, y durmió en cilicio, y anduvo <u>humillado</u>. [28]Entonces vino palabra de Jehová a Elías tisbita, diciendo: [29]¿No has visto cómo Acab se ha humillado delante de mí? Pues por cuanto se ha humillado delante de mí, no traeré el mal en sus días; en los días de su hijo traeré el mal sobre su casa".* Cuando te humillas, la Biblia asegura que serás exaltado y en el caso de Acab se cumplió, pues a pesar de que fue uno de los reyes más pecadores de Israel, Dios se compadeció de él, porque se humilló. Si tu ayunas en actitud de humillación igualmente él responderá a tu petición.

2 **Hazlo con sinceridad:** *Nehemías 9:1* *"El día veinticuatro del mismo mes se reunieron los hijos de Israel <u>en ayuno</u>, y con cilicio y tierra sobre sí. [2]Y ya se había apartado la descendencia de Israel de todos los extranjeros; y estando en pie, <u>confesaron sus pecados</u>, y las iniquidades de sus padres".* La sinceridad es una actitud necesaria al ayunar, pues debes confesar toda falta a Dios para alcanzar misericordia.

3 **Hazlo con firmeza:** *Ester 4:16* "*Ve y reúne a todos los judíos que se hallan en Susa, y ayunad por mí, y no comáis ni bebáis en tres días, noche y día; yo también con mis doncellas ayunaré igualmente, y entonces entraré a ver al rey, aunque no sea conforme a la ley; y si perezco, que perezca*". Cuando Dios vio la firmeza, la determinación de Ester y de su pueblo le dio gracia y alcanzo su petición. Cuando ayunas debes ser firme. Por ejemplo, si te propones ayunar hasta las seis de la tarde debes ser firme y cumplir.

4 **Hazlo con todo tu corazón:** *Joel 2:12* "*Por eso pues, ahora, dice Jehová, convertíos a mí con todo vuestro corazón, con ayuno y lloro y lamento*". Al volverte a Dios con todo tu corazón, lo estás agradando y él te bendecirá.

5 **Hazlo en actitud de adoración:** *Lucas 2:37* "*...pero ahora era viuda y tenía ochenta y cuatro años de edad. Se pasaba noche y día en el templo ayunando, orando y adorando a Dios*". Tu ayuno debe ir acompañado de un tiempo de oración en adoración a Dios. El tiempo que normalmente inviertes en comer debes utilizarlo para fortalecerte espiritualmente a través de la oración y la lectura de la Biblia.

6 **Hazlo para recibir milagros en tu vida:** *Hechos 9:9* "*Allí Saulo estuvo ciego durante tres días, y no quiso comer ni beber nada*". En aflicción y buscando la voluntad de Dios Saulo ayuno tres días hasta ver la respuesta pues estaba necesitado. En la necesidad debes ayunar para ver la respuesta.

7 **Hazlo para ser efectivo en el servicio a Dios:** *Hechos 14:23* "*Y constituyeron ancianos en cada iglesia, y habiendo orado con ayunos, los encomendaron al Señor en quien habían creído*". En cada iglesia, Pablo y Bernabé nombraron líderes para que ayudaran a los seguidores de Jesús. Después de orar y ayunar, ponían las manos sobre esos líderes y le pedían a Dios que los ayudara, pues ellos habían creído en él.

Conclusión

Médicamente se informa que la práctica del ayuno ayuda a mantener el cuerpo libre de toxinas, esto es para beneficios puramente físicos. Pero recuerda que lo más importante son los beneficios espirituales que produce.

Acá te dejamos un breve cuestionario para que lo respondas y entregues una copia aparte a tu líder inmediato o persona designada, al terminar de leer este libro.

1 ¿Qué es el ayuno?

☐ La práctica voluntaria de abstenernos de comer alimentos y tomar líquidos por un tiempo específico.

☐ El Ayuno consiste en consumir solo alimentos fuertes, especialmente de carne y de manjares.

☐ Consumir solo líquidos.

2 ¿Como debe ser el ayuno?

☐ El ayuno debe ser una disciplina constante en tu vida.

☐ El ayuno es una obligación en tu vida.

☐ Ayunar en actitud de humillación igualmente él responderá a tu petición.

☐ El ayuno sirve para bajar de peso.

3 ¿Qué actitud debemos de tener para hacer un ayuno efectivo?

☐ En actitud de humillación.

☐ En actitud de tristeza.

☐ Hacerlo de corazón.

☐ Debemos de hacerlo por salud.

4 ¿Cuantas clases de ayuno hay en la Biblia?

☐ Total y Parcial.

☐ Ayuno de Manjares.

☐ Ayuno Parcial, Natural y Total.

☐ El Ayuno de Café.

5 Tu ayuno debe ir acompañado de un tiempo de:

☐ Aflicción.

☐ Oración.

☐ Necesidad.

☐ Todas las anteriores.

6 El ayuno debe ser una disciplina espiritual en tu vida para mantenerte:

☐ Delgado y sano.

☐ Alejado de las tentaciones.

☐ Fuerte espiritualmente.

☐ Todas las anteriores

7 ¿Qué resultado esperas de tu ayuno?

☐ Bajar de peso.

☐ Ser efectivo en el servicio a Dios.

☐ Ganar reconocimiento en la iglesia.

☐ Ninguna de las anteriores.

8 ¿Que versiculo dice: " convertios a mi con todo vuestro corazón, con ayuno y lloro y lamento"?

☐ Genesis 12:2.

☐ Efesio 2:15.

☐ Joel 2:12.

☐ Ninguna de las anteriores.

9 ¿ Cuántos días ayunó Saulo para ver la respuesta de los milagros de Dios en su vida?

☐ 15 días.

☐ 10 días

☐ 3 días

☐ Ninguna de las anteriores.

10 ¿Que significa la palabra PAO?

☐ Perdedor, Avaricia, Obstáculo.

☐ Paz, Amor, Odio.

☐ Las dos anteriores.

☐ Palabra, Ayuno, Oración.

Recomendaciones para ser Bautizado en el Espíritu Santo

Hechos 1:8 *"Pero cuando venga sobre ustedes el Espíritu Santo recibirán poder, y serán mis testigos en Jerusalén, en Judea, en Samaria, y hasta lo último de la tierra.»*

Deseamos que luego de la lectura deeste libro, el nuevo convertido reciba el Bautismo en el Espíritu Santo.

El mejor ejemplo de la necesidad del Bautismo en el Espíritu Santo es el testimonio de nuestro Apóstol, hermano Edmundo Madrid, quien nos relata: *"Habiendo trabajado como pastor por años, me encontraba en un estado de frustración espiritual al considerar mi ministerio sin poder ni efectividad y habiendo asistido a un cursillo sobre crecimiento de la iglesia en Wheaton, Illinois, Estados Unidos, estaba bajo la fuerte impresión de que las técnicas no constituían respuesta alguna. Había bautizado a 12 hermanos en 1.972 y a 13 en lo que había transcurrido en 1.973. Me encontraba estudiando octavo semestre en la Universidad Mariano Gálvez con el objetivo de convertirme en Abogado y Notario y no necesitar recibir ayuda del ministerio cristiano y trabajaba como gerente de una empresa farmacéutica. El miércoles 7 de agosto le dije al Señor: Suspenderé mis estudios universitarios por un año, si durante el mismo bendices el ministerio entenderé que no es tu voluntad que yo sea abogado y notario, sino que tu voluntad está en el ministerio espiritual. El domingo 11 de agosto, volando entre Miami y Guatemala el Señor Jesucristo cambió mi vida a través del bautismo en el Espíritu Santo. Un año después había bautizado 172 personas y fui sano de un problema crónico en la piel, él había cumplido su parte y yo había sido lanzado a un ministerio de poder y efectividad"*.

Es necesario que tomes en cuenta las siguientes recomendaciones para que recibas el bautismo en el Espíritu Santo.

1 **Debes entender qué es el Bautismo en el Espíritu Santo.** *Hechos 2:2-4 "Y de repente vino del cielo un estruendo como de un viento recio que soplaba, el cual llenó toda la casa donde estaban sentados; 3y se les aparecieron lenguas repartidas, como de fuego, asentándose sobre cada uno de ellos. 4Y fueron todos llenos del Espíritu Santo, y comenzaron a hablar en otras lenguas, según el Espíritu les daba que hablasen."* En este pasaje bíblico, vemos que una de las primeras evidencias de recibir el bautismo en el Espíritu Santo, es hablar en lenguas espirituales.

2 **Debes entender que el Bautismo en el Espíritu Santo, te da poder.** *Hechos 2:43 "Y sobrevino temor a toda persona; y muchas maravillas y señales eran hechas por los apóstoles".* Los apóstoles antes de recibir el bautismo en el Espíritu Santo llevaban una vida cristiana sin poder, muchos de ellos con problemas en su carácter, temores, envidias, poco poder espiritual, etc. Después de haber recibido el bautismo en el Espíritu Santo, su vida fue transformada, vemos a un Apóstol Pedro, que luego de haber negado a Jesús, predica y se convierten tres mil personas, los enfermos eran sanados aún al pasar su sombra sobre ellos, es decir ahora eran cristianos llenos del poder de Dios. De la misma manera tu vida será llena de poder, cuando recibas el bautismo en el Espíritu Santo. El bautismo en el Espíritu Santo es la puerta de entrada a una vida de poder para vencer el pecado, la tentación, los problemas, las enfermedades, los demonios, etc.

3 **Debes tener el deseo profundo de recibir el Bautismo en el Espíritu Santo:** *Mateo 5:6 "Bienaventurados los que tienen hambre y sed de justicia, porque ellos serán saciados."* Debes anhelarlo profundamente como una nueva experiencia transformadora, la cual te podrá venir porque él quiere llenar todo tu ser. *Hch. 1:4-5 "Y estando juntos, les mandó que no se fueran de Jerusalén, sino que esperasen la promesa del Padre, la cual, les dijo, oísteis de mí. 5Porque Juan ciertamente bautizó con agua, más vosotros seréis bautizados con el Espíritu Santo dentro de no muchos días".* Los Apóstoles anhelaron esta experiencia, y lo manifestaron orando en el Aposento Alto. De la misma manera Dios mira el deseo que hay en tu corazón. Si has orado pidiendo ser bautizado con el Espíritu Santo y no lo has recibido recuerda la promesa que dice *"más vosotros seréis bautizados con el Espíritu Santo dentro de no muchos días"*, lo importante es que no pierdas el deseo en tu corazón de recibirlo. Ten por seguro que un día recibirás la promesa del Espíritu Santo.

4 **Debes creer por fe que lo recibirás: Marcos 11:24** *"Por tanto, os digo que todo lo que pidiereis orando, creed que lo recibiréis y os vendrá".* Tu oración debe llevar fe, o sea debes tener confianza que lo que pides Dios te lo dará. No es un acto mecánico al solicitarlo, debes creer que va a suceder, porque es la voluntad de Dios que seas bautizado en el Espíritu Santo. Debes aprender que las cosas del Espíritu, no se entienden con la mente, sino se creen con el corazón y simplemente suceden como la Biblia lo enseña.

5 **Debes Pedir ser bautizado en el Espíritu Santo: Lucas 11:9-12** *"Y yo os digo: Pedid, y se os dará; buscad, y hallaréis; llamad, y se os abrirá. 10Porque todo aquel que pide, recibe; y el que busca, halla; y al que llama, se le abrirá. (. . .) 13Pues si vosotros, siendo malos, sabéis dar buenas dádivas a vuestros hijos, ¿cuánto más vuestro Padre celestial dará el Espíritu Santo a los que se lo pidan?"* Solamente tienes que pedirlo en oración, y él como nuestro Padre te responderá, y dice claramente que dará el Espíritu Santo a los que se lo pidan. Tienes que pedir, para que se te dé, y cuando llames la bendición llegará a ti. No debes hacer una oración con gritos desesperados, sino una oración con paz y confianza diciendo:

"Padre, dame el regalo de hablar en nuevas lenguas, bautízame con el Espíritu Santo" Dile repetidas veces: "Te amo Jesús", esto atraerá la presencia de Dios hacía ti. Tu oración debe ser con tu rostro hacía arriba y con tus manos en alto, como quien va a recibir un regalo.

6 Habla en otras lenguas por fe *Hechos 2:4* *"Y fueron todos llenos del Espíritu Santo, y comenzaron a hablar en otras lenguas, según el Espíritu les daba que hablasen."*. Una de las primeras manifestaciones de la presencia del Espíritu Santo son las lenguas, esta fue la característica principal cuando cayó en el día de Pentecostés. Las lenguas indican el bautismo en el Espíritu Santo, pero también podrían verse cualquiera de los nueves dones que están en **1ª. Corintios 12: 8-10** *"Porque a éste es dada por el Espíritu palabra de sabiduría; a otro, palabra de ciencia según el mismo Espíritu; 9a otro, fe por el mismo Espíritu; y a otro, dones de sanidades por el mismo Espíritu. 10A otro, el hacer milagros; a otro, profecía; a otro, discernimiento de espíritus; a otro, diversos géneros de lenguas; y a otro, interpretación de lenguas"* Cuando oremos para que recibas el bautismo en el Espíritu Santo, habrá un momento en el que se te indicará que dejes de hablar en idioma español, y que comiences a pronunciar la palabra **"Abba"** que es una palabra aramea, que significa 'padre'. Entre los judíos lo usa el niño para dirigirse a su papá. Comunicaba un sentido de afectuosa intimidad y también de respeto familiar; Romanos *8:15 b* dice: *"... por el cual clamamos: ¡Abba, Padre!"*. Luego el Espíritu Santo llenará tu boca de lenguas espirituales, cuando estas vengan a ti no las retengas y rechaza toda incredulidad en el nombre de Jesús.

Conclusión

Tu vida cambiará al ser bautizado en el Espíritu Santo. Luego de esta experiencia debes hablar en lenguas todos los días, para mantener la llenura del Espíritu Santo.

Acá te dejamos un breve cuestionario para que lo respondas y entregues una copia aparte a tu líder inmediato o persona designada, al terminar de leer este libro.

1 La primera evidencia de que se ha recibido el Bautismo del Espíritu Santo es:

☐ El poder ayunar sin ninguna dificultad.

☐ El hablar en lenguas.

☐ Las dos anteriores.

2 ¿Cuál de las siguientes afirmaciones es verdadera?

☐ Cuando recibimos el Bautismo del Espíritu Santo nuestra vida se llena de poder.

☐ Si has orado pidiendo ser bautizado con el Espíritu Santo lo recibirás en el momento sin esperar.

3 ¿Cómo puedo recibir el Bautismo del Espíritu Santo?

☐ Orando para ser bautizado con el Espíritu Santo sin perder el deseo en tu corazón de recibirlo.

☐ No pecando y obedeciendo a Dios en todas las cosas.

☐ Después de un largo tiempo de recibir al Señor en mi Corazón.

☐ Todas las opciones anteriores.

4 ¿En qué libros de la Biblia está el siguiente versículo: "pero recibiréis poder, cuando haya venido sobre vosotros el Espíritu Santo"?

☐ Salmos 1:8.

☐ Job 1:8.

☐ Hechos 1:8.

☐ Ninguna de las anteriores.

5 ¿Qué otras manifestaciones y/o evidencia recibimos con el bautismo del Espíritu Santo?

☐ Palabra de Sabiduría.

☐ Pérdida de peso.

☐ El don de fe.

☐ Interpretación de lenguas.

☐ Ninguna de las respuestas anteriores.

6 ¿Para mantener la llenura del Espíritu Santo en tu vida, cuantas veces debes de orar en lenguas

☐ Una vez al año.

☐ Una vez cada tres meses.

☐ Una vez cada mes.

☐ Todos los días.

7 ¿En qué postura se sugiere que debemos de orar para recibir la llenura del Espíritu Santo?

☐ Acostados en el suelo.

☐ De pie y con las manos hacia abajo.

☐ Sentados y con las manos en alto.

☐ Con el rostro hacia arriba y las manos en alto

8 ¿Qué significa la palabra; "Abba"?

☐ Hermano.

☐ Suegro.

☐ Hijo.

☐ Padre.

☐ Ninguna de las anteriores.

9 ¿El bautismo del Espíritu Santo, te da una vida de poder; para qué?

☐ Para vencer el apetito.

☐ Para vencer el pecado y demonios.

☐ Para vencer el sueño.

☐ Para vencer la tentación.

☐ Para vencer los problemas y enfermedades.

☐ Todas las anteriores.

10 En Hechos 1:4-5, el Señor da dos órdenes para que recibieran el bautismo del Espíritu Santo ¿cuáles fueron?

☐ Que comieran y se durmieran.

☐ Que comieran y se fueran.

☐ Que no se fueran de Jerusalén y esperarán la promesa del Padre.

☐ Todas las anteriores.

Razones para integrarte a un Grupo Familiar

Con el presente libro deseamos ayudar a motivar a integrarse y asistir a un grupo familiar de nuestra iglesia.

Hechos 4:21 "Ellos entonces, después de amenazarlos, los soltaron, no hallando ningún modo de castigarlos, por causa del pueblo, porque todos glorificaban a Dios por lo que se había hecho, ²²ya que el hombre en quien se había hecho este milagro de sanidad tenía más de cuarenta años.²³Al ser puestos en libertad, vinieron a los suyos y contaron todo lo que los principales sacerdotes y los ancianos les habían dicho. ²⁹Y ahora, Señor, mira sus amenazas y concede a tus siervos que con toda valentía hablen tu palabra, ³⁰mientras extiendes tu mano para que se hagan sanidades, señales y prodigios mediante el nombre de tu santo Hijo Jesús».³¹Cuando terminaron de orar, el lugar en que estaban congregados tembló; y todos fueron llenos del Espíritu Santo y hablaban con valentía la palabra de Dios".

Durante las épocas de persecución, las catacumbas se convirtieron en refugios al estar protegidas por la ley. Eran lugares subterráneos donde se reunían los fieles cuando templos o iglesias eran destruidas. A mediados del siglo III, tras una persecución sumamente cruel que incluyó la entrada de soldados en las catacumbas y su saqueo, los creyentes destruyeron las entradas conocidas y abrieron otras secretas. Hoy queremos presentarte al mejor grupo de amigos y hermanos que jamás haya existido, nació allá por el año 30 de nuestra era cristiana, en un lugar llamado Aposento Alto. Allí nació un grupo con un mismo corazón y alma, para transformar al mundo. Ellos comenzaron a reunirse en casas y en el templo. Hoy te invitamos a pertenecer a este grupo élite de personas, el grupo de Jesucristo.

Conoce algunas razones por las cuales es importante que te integres a un grupo familiar:

1 **Te provee compañía y unidad:** *Hechos 4:32 "La multitud de los que habían creído era de un corazón y un alma".* Una de las mejores características de un grupo es su unidad en pensamiento, en sentimiento, en propósito, en visión, en amor. No hay mejor bendición que cuando perteneces a un grupo homogéneo, con tu misma forma, en donde no te sientes amenazado, sino a gusto y confortable. Esto son los grupos familiares: *"Un hogar espiritual seguro".*

2 **Te provee cuidado pastoral:** *Hechos 4:34-35 "Así que no había entre ellos ningún necesitado; porque todos los que poseían heredades o casas, las vendían, y traían el precio de lo vendido, 35y lo ponían a los pies de los apóstoles; y se repartía a cada uno según su necesidad".* Nuestra iglesia es capaz de pastorear a todos sus miembros por sus líderes. Cuando alguien se casa, cuando se presenta a un niño, al momento de un funeral, cuando alguien está enfermo, etc. siempre habrá un pastor, un líder, un supervisor, que le atienda. En una ocasión nuestro apóstol el hermano Edmundo Madrid, contó el testimonio de una lideresa que permaneció tres días a la puerta de un hospital esperando a una de sus ovejas que estaba enferma. Esto lo encuentras en tu grupo familiar.

3 **Te provee enseñanza Bíblica:** *Hechos 5:42 "Y todos los días, en el Templo y por las casas, incesantemente, enseñaban y predicaban a Jesucristo".* En tu grupo familiar podrás nutrirte con Palabra Bíblica, poderosa, verdadera, allí aprenderás la sana doctrina, semana tras semana, se te predicará Palabra de Dios, y esta Palabra te hará madurar y crecer sano en los caminos del Señor, los mensajes mejorarán tu calidad de vida, te motivarán a esforzarte en tus estudios, en tu trabajo, a mejorar tu condición económica, a prosperar y así reflejar mejor la imagen de Cristo en tu vida. Esto es *"Desarrollo Integral para cada uno de sus miembros"*. Existen sectas que andan de casa en casa tocando la puerta, pidiendo permiso para entrar y compartir sus falsas doctrinas, pero en los grupos familiares, todos los líderes predican la enseñanza contenida en *"La Mejor Semilla"*. Dichas enseñanzas son elaboradas por pastores con conocimiento bíblico suficiente, y revisados por nuestro pastor Edmundo Guillén. Por lo tanto, puedes estar seguro que es Palabra de Dios y sana doctrina. No te arriesgues asistiendo a grupos que no sabes de dónde sacan sus enseñanzas. Tú debes saber que "La Mejor Semilla" también es predicada en otros países.

4 **Te permite disfrutar la vida:** *Hechos2:46 "… y partiendo el pan en las casas comían juntos con alegría y sencillez de corazón".* Cuando Dios hizo a la humanidad, quiso que fuera feliz. Dios quiere proveerte gozo. No es malo estar feliz. En tu grupo familiar hay alegría. Después de cada reunión hay un momento para conocerse, para platicar, para compartir un refrigerio, para reír, para hablar de lo que te gusta con otros, para compartir tus ilusiones y sueños.

5 **Te provee apoyo en medio de las pruebas:** *Hechos 12:12-13 "Al darse cuenta de esto, llegó a casa de María, la madre de Juan, el que tenía por sobrenombre Marcos. Muchos estaban allí reunidos, orando. [13]Cuando Pedro llamó a la puerta del patio, salió a atender una muchacha llamada Rode".* **Gálatas 6:2** *"Sobrellevad los unos las cargas de los otros, y cumplid así la ley de Cristo".* **Romanos 12:13** *"Compartid las necesidades de los santos y practicad la hospitalidad. [15]Gozaos con los que se gozan; llorad con los que lloran".* Todo ser humano en algún momento de la vida tiene necesidades, y que maravilloso es contar con amigos y hermanos que te brinden consuelo y apoyo. Muchas son las ocasiones en las que nuestro grupo familiar está para protegernos y que oren por nosotros para adquirir nuevas fuerzas.

Acá te dejamos un breve cuestionario para que lo respondas y entregues una copia aparte a tu líder inmediato o persona designada, al terminar de leer este libro.

1   En qué libro de la Biblia está la siguiente promesa de Dios:

"...Cuando terminaron de orar, el lugar donde estaban congregados se sacudió, y todos fueron llenos del Espíritu Santo y proclamaban la Palabra de Dios sin ningún temor..."

- ☐ Génesis 4:31.
- ☐ Rut 4:31.
- ☐ Habacuc 4:31.
- ☐ Hechos 4:31.

2   ¿Qué día hay grupos familiares en tu iglesia?

- ☐ Lunes, martes y miércoles.
- ☐ Solamente domingos.
- ☐ Jueves y Viernes.
- ☐ Sábados.
- ☐ Ninguna de las anteriores.

3 ¿Durante las épocas de persecución, en qué se convirtieron las catacumbas?

☐ En zona de entrenamiento militar.

☐ En refugio y ahi se construyeron capillas subterráneas donde se reunían a orar, alabar y enseñar la Palabra de Dios, con los fieles.

☐ En bodega donde guardaban los alimentos.

☐ Todas las anteriores.

4 ¿Qué características tenía el grupo, que estaba en el Aposento Alto? respuestas correctas:

☐ Era un grupo con un mismo corazón y alma.

☐ Era un grupo que tenían diferentes funciones.

☐ Era un grupo de diferentes orígenes étnicos.

☐ Era un grupo que quería conquistar el mundo.

5 ¿Cuáles son las razones por las cuales es importante que te integres a un Grupo Pequeño Saludable? Elige las que corresponden:

☐ Te provee apoyo en medio de las pruebas.

☐ Te provee un lugar de seguro para hacer fiestas.

☐ Te provee disfrutar la vida.

☐ Te provee un status legal en este país.

☐ Te provee enseñanza Bíblica.

☐ Te provee cuidados médicos en los mejores hospitales.

☐ Te provee cuidado pastoral.

☐ Te provee compañía y unidad.

☐ Todas las anteriores.

6 La unidad de pensamiento, propósito, visión y amor, ¿son una de las mejores características de un grupo familiar?

☐ Verdadero

☐ Falso

7 ¿Los líderes de los grupos familiares le puedan proveer cuidados pastorales?

☐ Verdadero

☐ Falso

8 ¿Qué es un grupo homogéneo? Selecciona las que corresponden:

☐ Es un grupo con la misma forma de usted, donde no se sienta amenazado.

☐ Es un grupo con la misma forma de bailar que la de usted.

☐ Es un grupo de personas que venden el mismo producto.

☐ Es un grupo donde usted se siente a gusto y confortable por afinidad.

☐ Ninguna de las opciones anteriores.

9 ¿Se puede pensar en los Grupos Pequeños Saludables como la otra mitad del Evangelio?

☐ Verdadero

☐ Falso

☐ No dejaban de reunirse en el templo ni un solo día.

☐ Iban al templo sólo los domingos.

☐ De casa en casa partían el pan y compartían la comida con alegría y generosidad.

☐ De casa en casa iban por obligación y tristes, porque no compartían nada entre ellos.

☐ Alabando a Dios y disfrutando de la estimación general del pueblo.

☐ Y cada día el Señor añadía al grupo los que iban siendo salvos.

☐ Todas las anteriores.

☐ Ninguna de las anteriores.

Las Bendiciones de asistir a nuestras Celebraciones Inspiradoras

Este libro pretende enseñar a los hermanos la importancia de participar en las celebraciones inspiradoras de nuestra iglesia.

Hechos 2:41-47 "Así que, los que recibieron su palabra fueron bautizados; y se añadieron aquel día como tres mil personas. [42]Y perseveraban en la doctrina de los apóstoles, en la comunión unos con otros, en el partimiento del pan y en las oraciones.[43]Y sobrevino temor a toda persona; y muchas maravillas y señales eran hechas por los apóstoles. [44]Todos los que habían creído estaban juntos, y tenían en común todas las cosas; [45]y vendían sus propiedades y sus bienes, y lo repartían a todos según la necesidad de cada uno. [46]Y perseverando unánimes cada día en el templo, y partiendo el pan en las casas, comían juntos con alegría y sencillez de corazón, [47]alabando a Dios, y teniendo favor con todo el pueblo. Y el Señor añadía cada día a la iglesia los que habían de ser salvos".

En estos versículos se nos habla de la vida de los primeros cristianos y vemos que desde que Dios establece la iglesia los cristianos se reunían en los templos. En estos versículos vamos a encontrar muchas de las bendiciones que puedes obtener por asistir a la iglesia a participar de una celebración en donde rindes culto y adoración a nuestro Señor y Salvador Jesucristo.

Bendiciones que recibirás por participar en las celebraciones de nuestra iglesia

1 *Al participar en una celebración inspiradora agradas a Dios.*

- ***Celebras la resurrección de Cristo***. ***Mateo 28:1-2*** **DHH** *"Pasado el sábado, cuando al anochecer comenzaba el primer día de la semana, María Magdalena y la otra María fueron a ver el sepulcro. ²De pronto hubo un fuerte temblor de tierra, porque un ángel del Señor bajó del cielo . . . El ángel dijo a las mujeres: —No tengan miedo. Yo sé que están buscando a Jesús, el que fue crucificado. ⁶No está aquí, sino que ha resucitado"*. Cuando vas a la iglesia, vas a celebrar que Jesús ha resucitado, anunciando al mundo que él vive. Al celebrar la resurrección de Cristo agradas a Dios.

- ***Das Alabanza a Dios. Hechos 2:46*** *"Y perseverando unánimes cada día en el templo, y partiendo el pan en las casas, comían juntos con alegría y sencillez de corazón, ⁴⁷alabando a Dios, y teniendo favor con todo el pueblo ..."*. La Biblia te enseña que la iglesia primitiva, es decir los primeros cristianos se reunían cada día en el templo y por las casas. Uno de los objetivos de esas reuniones era alabar a Dios. Cuando participas los domingos en una celebración inspiradora, puedes disfrutar de una alabanza que te conduce a la presencia de Dios. Alabar es decirle a Dios lo bueno que ha sido contigo, expresando gratitud de corazón. Cada vez que asistes a la iglesia tienes oportunidad de decirle a Dios: "te alabo porque esta semana tuvo techo, tuve alimento, tuve trabajo y te alabo por su misericordia". Cuando alabas a Dios lo estás agradando.

- ***Cumples la voluntad de Dios. Hechos 5:42*** **DHH** *"Los seguidores de Jesús iban al templo todos los días, y también se reunían en las casas"*. La Biblia te enseña que desde que la iglesia se fundó los seguidores de Jesús se reunían en el templo. Si eres seguidor de Jesús él espera que te congregues en el templo. **Hebreos 10:25** dice: *"no dejando de congregarnos, como algunos tienen por costumbre, sino exhortándonos; y tanto más, cuanto veis que aquel día se acerca"*. La Biblia también te enseña que no debes dejar de congregarte como algunos tienen ya por costumbre, al asistir a una celebración en nuestro templo estás haciendo la voluntad de Dios y por lo tanto estás agradando a Dios.

② **Al participas en una celebracióninspiradora eres alimentado con la Palabra de Dios**

- **Escuchar Palabra de Dios, te guía a hacer su voluntad. Hechos 2:42** *"Y perseveraban en la doctrina de los apóstoles ..."*. Desde la fundación de la iglesia, los cristianos han perseverado en el estudio de la palabra de Dios. Este versículo que puedes leer en tu Biblia, en la versión Traducción del Lenguaje Actual, dice: *"Y cada día los apóstoles compartían con ellos las enseñanzas acerca de Dios y de Jesús"*. La voluntad de Dios es que sus hijos se congreguen para alimentarse con la Palabra. Al asistir a una celebración de nuestra iglesia, serás enseñado con la Biblia, y estarás haciendo su voluntad.

- **Escuchar Palabra de Dios, hace que tu fe aumente. Romanos 10:17** *"Así que la fe es por el oír, y el oír, por la palabra de Dios"*. Al asistir a una celebración de nuestra iglesia, tu fe aumenta, y espiritualmente estas fuerte porque la Palabra de Dios te da vida.

- **Escuchar Palabra de Dios, te capacita para servir. 2ª Timoteo 3:16-17** *"Toda la Escritura es inspirada por Dios, y útil para enseñar, para redargüir, para corregir, para instruir en justicia, [17]a fin de que el hombre de Dios sea perfecto, enteramente preparado para toda buena obra"*. La Palabra de Dios forma en ti, el carácter de Cristo. Escuchar un mensaje inspirador te prepara y capacita para servir a Dios.

- *Te congregas y hablas con Dios.* Lo logras por medio de la oración. *Hechos 2:42* *"...en el partimiento del pan y en las oraciones"*. Cuando la iglesia se reúne especialmente se reúne a orar, a hablar con Dios, a exponer sus peticiones y sus necesidades delante del Señor. En una celebración inspiradora, podrás pasar al altar en donde serás ministrado por hermanos llenos de la presencia de Dios.

- *Te congregas y puedes ser lleno del Espíritu Santo. Hechos 2:1-4* *"Cuando llegó la fiesta de Pentecostés, todos los creyentes se encontraban reunidos en un mismo lugar. ²De repente, un gran ruido que venía del cielo, como de un viento fuerte, resonó en toda la casa donde ellos estaban. ³Y se les aparecieron lenguas como de fuego que se repartieron, y sobre cada uno de ellos se asentó una. ⁴Y todos quedaron llenos del Espíritu Santo, y comenzaron a hablar en otras lenguas, según el Espíritu hacía que hablaran"*. La iglesia primitiva estaba reunida en un mismo lugar y el Espíritu Santo vino sobre todos ellos, de la misma manera cuando tu participas en una celebración inspiradora, serás testigo del fuego de Dios que viene sobre toda la congregación y podrás recibir la llenura del Espíritu Santo.

- *Te congregas y el Espíritu Santo obra milagros. Hechos 2:43* *"Y sobrevino temor a toda persona; y muchas maravillas y señales eran hechas por los apóstoles"*. Cuando participas en una celebración inspiradora habrá hombres y mujeres de Dios que orarán por ti, para que puedas recibir un milagro (de sanidad, financiero, familiar, etc.) o pedir por un mover sobrenatural en tu vida.

Conclusión

No pierdas la oportunidad de agradar a Dios, de ser edificado con su Palabra y de ser lleno de la dulce presencia del Espíritu Santo. Participa en cada una de nuestras celebraciones inspiradoras.

Acá te dejamos un breve cuestionario para que lo respondas y entregues una copia aparte a tu líder inmediato o persona designada, al terminar de leer este libro.

1 **¿Cuáles son las bendiciones que obtienes al asistir a un Culto Inspirador?**

☐ Agradar a Dios.

☐ Conocer la vida de los Pastores.

☐ Ser alimentado con la Palabra de Dios.

☐ Ser lleno del Espíritu Santo.

2 **¿En qué pasaje de la Biblia encontramos muchas de las bendiciones que podemos obtener por asistir a la iglesia y participar de un culto inspirador?**

☐ En Salmos 2:41-47

☐ En Hechos 2:41-47

☐ En Deuteronomio 2:41-47

☐ En Apocalipsis 2:41-47

3 Identifica los motivos por los cuales agradas a Dios al asistir a un culto inspirador.

☐ Cuando celebras la resurrección de Cristo.

☐ Cuando celebras el aniversario de la Iglesia.

☐ Cuando das alabanza a Dios.

☐ Cuando traes tus Peticiones.

☐ Cuando cumples la voluntad de Dios.

4 ¿Qué resultado obtienes por recibir la Palabra de Dios, en un culto inspirador?

☐ Se cumple la voluntad de Dios.

☐ Ser maestra de los niños de la iglesia.

☐ Es aumentada tu fe.

☐ Ser admirado(a) por los hermanos de la Iglesia.

☐ Ser capacitado para servir.

☐ Todas las anteriores.

5 ¿Qué beneficios recibes cuando eres lleno del Espíritu Santo?

☐ Tener privilegios en un culto inspirador.

☐ Hablar con Dios, por medio de la oración.

☐ Tener muchas amistades en la Iglesia.

☐ Experimentar la Presencia de Dios.

☐ Realizar y recibir milagros por medio del Espíritu Santo.

☐ Todas las anteriores.

6 ¿Una Alabanza inspiradora te puede conducir a la Presencia de Dios?

☐ Verdadero   ☐ Falso

7   **Al asistir a un culto inspirador, ¿estoy haciendo la voluntad de Dios?**

☐ Verdadero   ☐ Falso

8   **¿Qué le dices a Dios con tu Alabanza?**

☐ Es decirle lo bueno que ha sido contigo.

☐ Es decirle que todo a tu alrededor es gris.

☐ Es siempre agradarlo.

☐ Todas las anteriores.

9   **¿Cuál ha sido la voluntad de Dios para con nosotros?**

☐ Que no nos alimentemos de su Palabra.

☐ Que no asistamos a un culto inspirador.

☐ Que, si caemos en pecado, no nos preocupemos, ya que él siempre nos perdona.

☐ Que sus hijos se congreguen para ser alimentados con su Palabra.

10   **Selecciona los beneficios que obtienes con tu fe, al asistir a un culto inspirador:**

☐ Se nos aumenta la fe.

☐ Recibimos recompensa de los Pastores por nuestra asistencia.

☐ Te mantienes fuerte espiritualmente.

☐ Te fortalece los músculos de tu cuerpo.

☐ La Palabra de Dios te da la capacidad de ver lo que todavía no es una realidad, pero lo será.

☐ Todas las anteriores.

Capítulo VIII Gana a otra persona para Cristo

Enseñanzas para ganar a otros para Cristo.

Con este libro buscamos que cada hermano sea motivado a ganar a otros para Cristo.

Proverbios 11:30 *"El fruto del justo es árbol de vida; Y el que gana almas es sabio"*

Todos los participantes en los campeonatos mundiales y todos los eventos de carácter internacional, no importando en que disciplina participen, por unanimidad quieren llegar a la meta y ocupar el primer lugar. Por ejemplo, el atleta estadounidense Karl Lewis, ganó veinte medallas en su carrera deportiva. Diez medallas en Juegos Olímpicos y el resto en Campeonatos Mundiales. Pero esto queda para los recuerdos del mundo, y algún día quedarán completamente en el olvido al transcurrir los años. Hay un Campeón, que nunca será olvidado, vivió hace más de dos mil años, siendo el verdadero campeón que ganó y venció en la cruz, que puede perdonar pecados y salvar por medio de la fe en Él. Su nombre es Jesucristo. *1 Tesalonicenses 2:19-20* *"Porque ¿cuál es nuestra esperanza o gozo delante de nuestro Señor Jesucristo? ¿De qué corona puedo vanagloriarme cuando él venga, si no es de ustedes? Porque son ustedes el motivo de nuestro orgullo y de nuestro gozo."* Ahora te toca a ti ganar coronas que nunca perecerán, y lo puedes hacer ganando a otras personas para Cristo.

Por eso te presentamos las siguientes enseñanzas para que ganes a otras personas para Cristo:

1 **Entiende las razones bíblicas para ganar personas para Cristo.**

- **Es una orden.**

  - *San Marcos 16:15* "*Y les dijo: «Vayan por todo el mundo y prediquen el evangelio a toda criatura*".
  - Este pasaje nos da el mandato de ir y hablar a la gente que no conoce a Cristo.

- **Te ayuda a recibir respuesta a tus oraciones.**

  - *San Juan 15:16.* "*»Ustedes no me eligieron a mí. Más bien, yo los elegí a ustedes, y los he puesto para que vayan y lleven fruto, y su fruto permanezca; para que todo lo que pidan al Padre en mi nombre, él se lo conceda.*"
  - Como cristiano una de las cualidades que debes tener, es dar fruto que permanece y así Dios contestará tus oraciones.

2 **Es una manera de salvar del infierno a la gente que amas.**
  - **Ezequiel 33:6.** *»En cambio, si al venir la espada el atalaya no toca la trompeta para prevenir a la gente, cuando la espada llegue y hiera de muerte a alguien, éste morirá por causa de su pecado, pero yo haré responsable de su muerte al atalaya.»Es a ti, hijo de hombre, a quien yo he puesto como atalaya para el pueblo de Israel. Tú oirás de mí mismo la advertencia, y les advertirás para que se prevengan. Cuando yo le diga a algún impío que está en peligro de muerte, si tú no le adviertes que se aparte de su mal camino, el impío morirá por causa de su pecado, pero yo te haré responsable de su muerte"*

  - Dios no te responsabiliza de la gente que muere sino cuando tuviste la oportunidad de hablarles de Cristo y no lo hiciste.

3 Utiliza los principios del Evangelismo Espontáneo para hablar de Cristo

Por Evangelismo espontáneo entendemos el que buen número de hermanos de la iglesia, entre más mejor, puedan presentar el plan de salvación a sus parientes y amigos y guiarles a Cristo en sus propios ambientes: en un parque, en una casa, en un autobús, en un río, en una carretera, etc. Y los traigan a la iglesia a presentarlos porque ya recibieron a Cristo. El Evangelismo Espontáneo se desarrolla a través de cuatro principios básicos:

- **Usa tus puentes naturales.**
  - o Vínculos familiares. Hablar a la mamá, al papá, al hijo, primo, sobrino, tío, suegra, suegro, etc.
  - o Vínculos de amistad. Hablar al vecino con quien hay cierta amistad, o al Hombre que trabaja con usted, o al obrero que le está trabajando en la casa haciéndole un cuarto, a la dueña de la tienda que le vende el pan en la mañana, etc.

- **Invierte tu tiempo con el que tiene hambre y sed de justicia.**
  - o Evitando perder tu tiempo con quien rabiosamente rechazará el mensaje.
  - o **Mateo 5:6**, *"Bienaventurados los que tienen hambre y sed de justicia, porque ellos serán saciados."*
  - o **Mateo 7:6**, *"No den ustedes lo santo a los perros, ni echen sus perlas delante de los cerdos, no sea que las pisoteen, y se vuelvan contra ustedes y los despedacen."*

- **Discierne al Espíritu Santo.** Para determinar:
  - A quién hablarle y a quién no hablarle,
  - Cuando hablar y cuando quedarse callado,
  - Qué decir, y qué no decir.

- **Entiende el principio de las ovejas:**
  - Ellas se reproducen solas y el trabajo del pastor es cuidarlas y alimentarlas. Si se espera que el pastor gane a cada persona que viene a la iglesia, nunca avanzaremos en la evangelización.

- **Utiliza "Los Cuatro Principios Espirituales".** Con estos principios usted presentará del plan de salvación, estos son:

  - **Usted es pecador y como tal tiene sentencia de muerte:**
    + *Romanos 3:23*, *"Por Cuanto todos pecaron y están destituidos de la gloria de Dios."* Ninguno recibirá al Señor Jesucristo si no está bien consciente de sus pecados y se siente mal por ello.

  - **Pero Dios le ama, a pesar de ser usted pecador.**
    + *San Juan 3:16*, *"Porque de tal manera amó Dios al mundo, Juan González, que ha dado a su Hijo unigénito, para que si Juan González cree en El, Juan González no se pierda, sino que Juan González tenga vida eterna."*

  - **El Señor Jesucristo pagó por sus pecados en la cruz del calvario,**

✦ **Romanos 5:8** *"Mas Dios muestra su amor para con nosotros, en que siendo aun pecadores, Cristo murió por nosotros."*

○ **Usted necesita recibir por fe al Señor Jesucristo en su corazón como su único Salvador y Señor.**

✦ **Apocalipsis 3:20**, *"¡Mira! Ya estoy a la puerta, y llamo. Si alguno oye mi voz y abre la puerta, yo entraré en su casa, y cenaré con él, y él cenará conmigo." ¿Desea usted recibir al Señor Jesucristo por fe en su corazón en estos momentos? Muy bien repita conmigo esta oración: "Señor Jesús, reconozco que soy pecador, entra a mi corazón, perdona todos mis pecados, cambia mi vida, haz de mí lo que tú quieras, dame el regalo de la vida eterna, te recibo por fe en tu propio nombre, amén."*

Conclusión

Ahora que entiendes las razones para hablar de Cristo no esperes ni un momento más para hacerlo. Dios te usará y te hará un verdadero ganador de la Corona de Gozo.

Acá te dejamos un breve cuestionario para que lo respondas y entregues una copia aparte a tu líder inmediato o persona designada, al terminar de leer este libro.

1   **Hay coronas que puedes ganar, que no perecerán**
¿Qué tienes que hacer para que seas del equipo ganador?

☐ Asistir a la iglesia todos los días.   ☐ Orar varias veces a la semana.

☐ Hacer ayunos una vez al año.   ☐ Ganar a otras personas para Cristo.

2 — La Palabra de Dios, nos enseña las razones para ganar personas para Cristo. ¿Puedes identificarlas en las siguientes respuestas?

☐ Es una obligación para ser miembro de una iglesia.

☐ Es una orden.

☐ Es un programa más dado por el Pastor.

☐ Te ayuda a recibir respuestas a tus o raciones.

☐ Es una manera de salvar a la persona que amas.

☐ Todas las anteriores.

3 — ¿En qué pasaje de la Biblia nos da el Señor la orden, de ir y hablarle a las personas que no concen de Cristo?

☐ En San Marcos 16:15.

☐ En Génesis 16:15.

☐ En Apocalipsis 16:15.

☐ En ninguna de las opciones anteriores.

4 — ¿Qué entiende usted por Evangelismo Espontáneo?

☐ El que un buen número hermanos no presentan el Plan de Salvación.

☐ El que un buen número de hermanos guía a sus parientes y amigos a Cristo en sus propios ambientes.

☐ El que un buen número de hermanos pueden presentar el Plan de Salvación a sus parientes y amigos.

☐ Todas las anteriores.

5 ¿Identifica los Principios con que se desarrolla el Evangelismo Espontáneo?

☐ Usa tus puentes naturales.

☐ Usa tus talentos.

☐ Invierte tu tiempo con el que tiene hambre y sed de justicia.

☐ Invierte tu tiempo en ver las series de la Televisión.

☐ Discierne al Espíritu Santo.

☐ Entiende el Principio de las ovejas.

☐ Todas las anteriores.

6 ¿Cuándo usted discierne al Espíritu Santo, qué beneficios le provee para el ganar personas para Cristo?

☐ A quien hablarle y a quién no hablarle.

☐ Al saber, si asiste a la iglesia, o no asistirá.

☐ Cuando hablar y cuando quedarse callado.

☐ Que decir y que no decir.

☐ Todas las anteriores.

7 Identifica "Los Cuatro Principios Espirituales" para presentar el Plan de Salvación:

☐ Usted es pecador y como tal tiene sentencia de muerte.

☐ Usted tiene permiso de seguir pecando.

☐ Dios le ama, a pesar de ser usted pecador.

☐ El Señor Jesucristo pagó por sus pecados en la cruz del Calvario.

☐ Usted necesita por fé, recibir al Señor Jesucristo, en su corazón como su único Salvador y Señor.

☐ Todas las anteriores.

7 En San Juan 3:16 dice: "...ha dado a su Hijo unigénito para que todo el que cree en él no se pierda..."

☐ Verdadero

☐ Falso

8 Si usted le habla a otros de Cristo; Dios te usará y te hará un verdadero ganador de la Corona de Gozo:

☐ Verdadero

☐ Falso

9 El Principio de las Ovejas es solamente para el Pastor:

☐ Verdadero

☐ Falso

Verdades bíblicas para bautizarse y pertenecer a la familia de Dios

Con el presente texto buscamos instruir al nuevo convertido para que se pueda bautizar con pleno conocimiento y compromiso hacia Cristo.

Hechos 8:36 *"Y yendo por el camino, llegaron a cierta agua, y dijo el eunuco: Aquí hay agua; ¿qué impide que yo sea bautizado?Felipe dijo: Si crees de todo corazón, bien puedes. Y respondiendo, dijo: Creo que Jesucristo es el Hijo de Dios.Y mandó parar el carro; y descendieron ambos al agua, Felipe y el eunuco, y le bautizó.Cuando subieron del agua, el Espíritu del Señor arrebató a Felipe; y el eunuco no le vio más, y siguió gozoso su camino".*

Muchas organizaciones formales o informales, procuran distinguirse o diferenciarse de las demás; y para poder pertenecer a ellas, con frecuencia requieren alguna condición previa a su ingreso, un buen ejemplo es el bautismo a estudiantes de primer ingreso en colegios o universidades, y seguramente habrá muchos más.

Hay religiones que bautizan como un rito de iniciación y pertenencia, pero en el cristianismo el bautismo tiene un significado mucho más grande y por eso te queremos enseñar lo que la Biblia dice.

El bautizarse es un acto de obediencia, consagración y pertenencia que realiza toda persona que ha recibido a Cristo en su corazón.

Verdades para que posteriormente puedas bautizarte:

1 **Cuando te bautizas manifiestas tu nueva vida.** Esta es una experiencia en donde muestras tu nueva vida en Cristo y testificas que:

- **Estas muerto al Pecado y vives para Cristo:** *Romanos 6:3-4 "¿o no sabéis que todos los que hemos sido bautizados en Cristo Jesús, hemos sido bautizados en su muerte? Porque somos sepultados juntamente con él para muerte por el bautismo, a fin de que como Cristo resucitó de los muertos por la gloria del Padre, así también nosotros andemos en vida nueva"* Cuando has experimentado el milagro de la conversión has muerto a las viejas costumbres, y la vida nueva que te da Jesucristo está en ti.

- **Tienes una nueva naturaleza:** *Romanos 6:13 "Ni tampoco presentéis vuestros miembros al pecado como instrumentos de iniquidad, sino presentaos vosotros mismos a Dios como vivos de entre los muertos, y vuestros miembros a Dios como instrumentos de justicia."* Tienes que saber que tu cuerpo ahora pertenece a Jesucristo, y que por lo tanto, no puedes darle un uso descuidado, jugando con el pecado, sino ofreciéndolo diariamente a Dios.

2 **Cuando te bautizas te estas identificando con Cristo:** Hazlo para seguir el ejemplo de Jesús. *Mateo 3:13-17* *"Entonces Jesús vino de Galilea a Juan al Jordán, para ser bautizado por él.Mas Juan se le oponía, diciendo: Yo necesito ser bautizado por ti, ¿y tú vienes a mí?Pero Jesús le respondió: Deja ahora, porque así conviene que cumplamos toda justicia. Entonces le dejó.Y Jesús, después que fue bautizado, subió luego del agua; y he aquí los cielos le fueron abiertos, y vio al Espíritu de Dios que descendía como paloma, y venía sobre él.Y hubo una voz de los cielos, que decía: Este es mi Hijo amado, en quien tengo complacencia"* Cuando lees la Palabra de Dios, te das cuenta que Cristo también se bautizó. Nosotros como seguidores de Cristo, debemos imitarle en todo, y esto incluye el bautismo en agua.

- **Hazlo como un acto de Obediencia:** *Marcos 16:16* dice: *"El que creyere y fuere bautizado, será salvo, mas el que no creyere será condenado."* Jesús ordenó que todo cristiano debe bautizarse para agradarle a Él, como una muestra de obediencia.

- **Hazlo como un verdadero compromiso:** *Mateo 28:19* dice: *"Por tanto, id, y haced discípulos a todas las naciones, bautizándolos en el nombre del Padre, y del Hijo, y del Espíritu Santo; 20enseñándoles que guarden todas las cosas que os he mandado; y he aquí yo estoy con vosotros todos los días, hasta el fin del mundo. Amén."* Encontramos en este pasaje el mandato de hacer discípulos, enseñándoles a obedecer y ser comprometidos con Jesucristo. Este compromiso iniciaba a través del bautismo. De la misma manera el bautismo marca el inicio de una mayor responsabilidad en tu vida cristiana y con tu iglesia Mi Casa de Adoración.

Cuando te bautizas estas abriendo la puerta para servir en los diferentes ministerios de la congregación, además de esto tienes la bendición de poder tomar la *"Cena del Señor"* sin ningún impedimento.

3 **Cuando te bautizas confirmas que eres Salvo:** Las personas que son salvas, van al Cielo, aunque algunas no se bauticen. Pero estos son casos especiales, como el malhechor que se convirtió en la cruz, según ***San Lucas 23:42***. Lo normal es que si tienes a Cristo en tu corazón y tienes seguridad que eres salvo, entonces el siguiente paso es que te sumerjas en el agua y así seas bautizado. Hay tres significados en el bautismo en agua y son los siguientes:

○ **Es una evidencia de tu conversión:** *Hechos 8:36-38* la conversión y convicción de un nuevo convertido: *"Y yendo por el camino, llegaron a cierta agua, y dijo el eunuco: Aquí hay agua; ¿qué impide que yo sea bautizado?Felipe dijo: Si crees de todo corazón, bien puedes. Y respondiendo, dijo: Creo que Jesucristo es el Hijo de Dios.Y mandó parar el carro; y descendieron ambos al agua, Felipe y el eunuco, y le bautizó".*

Este hombre demanda que se le bautice, como un símbolo de su conversión interior. Si tú has nacido de nuevo, anhelas bautizarte para identificarte con Cristo y tu iglesia.

○ **Es un testimonio público de tu fe:** *Marcos 16:15-16* *"Y les dijo: Id por todo el mundo y predicad el evangelio a toda criatura. 16 El que creyere y fuere bautizado, será salvo; mas el que no creyere, será condenado."* Das un testimonio a tus amigos (cristianos y no cristianos) de que eres salvo, de que eres hijo de Dios. Bautizarse es un acto que es parte de la salvación en el sentido que quien se convierte a Jesucristo quiere obedecer en todo a la

Palabra de Dios. Si algún cristiano se niega a bautizarse hay una base para dudar de su conversión.

- o **Es un símbolo de tu Salvación:** Es un acto que produce emociones fuertes y de bendición en el momento que se está realizando. Es un acto espiritual que confirma que ya no eres la misma persona, sino una que se goza en bajar al agua, y así mostrar que mueres al pecado, y al salir del agua, simbolizas que eres una nueva criatura, viviendo para Cristo.

2ª Corintios 5:17 lo confirma: *"De modo que si alguno está en Cristo, nueva criatura es; las cosas viejas pasaron; he aquí todas son hechas nuevas"*. El bautismo muestra simbólicamente lo que sucedió en el momento de tu conversión.

Conclusión

Si has recibido a Jesucristo como Señor y Salvador, debes identificarte plenamente con Él, con su causa, y con tus nuevos hermanos en la fe.

Acá te dejamos un breve cuestionario para que lo respondas y entregues una copia aparte a tu líder inmediato o persona designada, al terminar de leer este libro.

1 **¿El Bautizarse es un acto de obediencia, consagración y pertenencia que realiza toda persona que ha recibido a Cristo en su corazón?**

☐ Verdadero   ☐ Falso

2   Cuándo te bautizas ¿manifiestas tu nueva vida?

☐ Verdadero

☐ Falso

3   ¿Qué es lo que testificas, con tu experiencia donde muestras tu nueva vida en Cristo?

☐ Que eres más espiritual que los demás.

☐ Que estás muerto al pecado y vives para Cristo.

☐ Que sabes más versículos bíblicos que otros miembros de tu iglesia.

☐ Que tienes una nueva naturaleza.

☐ Ninguna de las anteriores.

4   Cuando te bautizas te estás identificando con Cristo. ¿Cómo lo debemos de hacer?

☐ Hazlo para seguir a los hermanos que se están bautizando.

☐ Hazlo para seguir el ejemplo de Jesús.

☐ Hazlo para obedecer al líder de tu grupo pequeño saludable.

☐ Hazlo como un acto de obediencia.

☐ Hazlo como un verdadero compromiso.

☐ Ninguna de las anteriores.

5   ¿Cuándo te bautizas confirmas que eres Salvo?

☐ Verdadero

☐ Falso

6   6 Identifica los significados del Bautismo en Agua:

☐ Es una evidencia de tu conversión.

☐ Es una evidencia de tu vida de oración.

☐ Es un testimonio público de tu fé.

☐ Es un símbolo de tu salvación.

☐ Todas las anteriores.

7   Si tú has nacido de nuevo, ¿anhelas bautizarte para identificarte con Cristo y pertenecer a tu Iglesia?

☐ Verdadero

☐ Falso

8   ¿Bautizarse es un acto que es un resultado de la Salvación, en el sentido que quien tiene a Jesucristo en su vida, quiere obedecer la Palabra de Dios?

☐ Verdadero

☐ Falso

9   ¿Con qué se inicia el compromiso, que Dios nos manda a hacer en Mateo 28:19?

☐ Haciendo la oración de fe.

☐ Bautizándolos en el nombre del Padre y del Hijo y del Espíritu Santo.

☐ Tomando la Santa Cena.

10   ¿El Bautismo marca el inicio de una mayor responsabilidad en tu vida cristiana y con tu iglesia?

☐ Verdadero

☐ Falso

Resultados de diezmar, ofrendar y dar primicias.

En este último capítulo del libro deseamos enseñarles a los hermanos a diezmar, ofrendar y dar primicias.

> **2ª Corintios 9:7** *"Cada uno debe dar según se lo haya propuesto en su corazón, y no debe dar con tristeza, ni por necesidad, porque Dios ama a quien da con alegría.*

"Había un hombre que estaba en bancarrota, la casa donde vivía era alquilada y le pidieron que la abandonara, y no sabía qué hacer con su esposa y siete hijos. Le habían cortado el teléfono más de diez veces, y continuamente estaban llegando un gran número de cobradores. En el momento más difícil de su vida, cuando el dinero se estaba escaseando aún más, tomo la decisión junto con su esposa, que iban a probar a Dios por medio del diezmo, considerando que era una inversión. El milagro sucedió, en menos de dos años lograron adquirir una casa, pagaron todas sus deudas, y ahora están libres de todo compromiso económico. Su esposa obtuvo un negocio propio, que le permite tener más tiempo libre." (Tomado de diezmo.org/anecdotas.php)

No debes llegar hasta las consecuencias más graves de la maldición de la pobreza para empezar a dar los pasos que Dios desea para bendecirte, pues Él, está interesado en que tú como su hijo seas próspero. La mejor inversión es que des para el Reino de Dios, a través de tus diezmos, ofrendas y primicias. El banco del cielo nunca va a quebrar. Nadie en la tierra te dará tan alto interés, si das este paso de fe en tu vida cristiana.

Estos son tres resultados que obtienes por dar con gozo:

1 **Agradas a Dios al cumplir su Palabra.** **1º Samuel 15:22** *"¿Y crees que al Señor le gustan tus holocaustos y ofrendas más que la obediencia a sus palabras? Entiende que obedecer al Señor es mejor que ofrecerle sacrificios, y que escucharlo con atención es mejor que ofrecerle la grasa de los carneros."* La mejor carta de recomendación que puedes obtener es la que Dios te da como producto de tu obediencia, al darle diezmos, ofrendas y primicias.

  o   *Dios espera de ti lo siguiente:*

  ✦ *Que lleves tus diezmos a la caja de la iglesia: Malaquías 3:10 "Entreguen completos los diezmos en mi tesorería, y habrá alimento en mi templo. Con esto pueden ponerme a prueba: verán si no les abro las ventanas de los cielos y derramo sobre ustedes abundantes bendiciones. Lo digo yo, el Señor de los ejércitos."*

  ✦ El diezmo es la décima parte de tus ingresos, que deben ser entregados a la caja de la iglesia. El 100% de tus ingresos pertenece a Dios, el 10% se lo entregas como diezmo, y el 90% restante te lo da para que lo administres de la mejor manera. No es algo opcional, es una orden que proviene directamente de Dios.

  ✦ *Levítico 27: 30 "Si alguien quiere rescatar algo del diezmo, deberá para ello añadir la quinta parte de su valor.» El diezmo de las vacas o de las ovejas, es decir, de todos los animales que pasan bajo la vara, será consagrado al Señor. No se verá si el animal es bueno o malo, ni se cambiará por otro animal. En caso de cambiarlo, tanto el primer animal como el dado a cambio quedarán consagrados y no podrán ser rescatados.» Éstos son los mandamientos que el Señor dio a Moisés en el monte de Sinaí para los hijos de Israel."*

+ En tu presupuesto el diezmo es lo primero que debes apartar, no lo último, ni lo que te sobre. Debes darlo de todos los ingresos que percibes en forma periódica u ocasional.

o ***Que des tus ofrendas en la caja de la iglesia.***

+ ***Éxodo 25:1-2*** *"El Señor habló con Moisés, y le dijo: «Diles a los hijos de Israel que tomen una ofrenda para mí. La tomarán de todo aquel que de voluntad y de corazón quiera darla".*

+ Ofrendar es dar cualquier cantidad aparte del diezmo.

o ***Que des tus primicias.***

+ ***Proverbios 3:9-10*** *"Honra al Señor con tus bienes y con las primicias de tus cosechas. Tus graneros se saturarán de trigo, y tus lagares rebosarán de vino".*

+ Una primicia puede ser el primer sueldo que recibes, un aumento en tu salario, el primer huevo que pone una gallina, el primer fruto de un árbol o la primera cosecha de granos básicos.

o *Que des para proyectos de tu Iglesia.*

  ✦ Por ejemplo, para construcción del templo u otros.

  ✦ *2º Crónicas 29:3-4 "Pero además de todo lo que ya tengo preparado para el templo, y por el amor que tengo al templo de mi Dios, entrego para el templo el oro y la plata que son de mi propiedad personal: 4cien mil kilos del oro más fino, doscientos treinta mil kilos de plata refinada para cubrir las paredes de los edificios".*

❷ **Permites que Dios aleje al devorador. Malaquías 3:11** *"Además, reprenderé a esos insectos que todo lo devoran, para que no destruyan los productos de la tierra, ni dejen sin uvas sus viñedos. Lo digo yo, el Señor de los ejércitos."* Toda maldición de pobreza y fracasos en los negocios, perdida de dinero por robos o enfermedades es alejada por la protección de él.

o *Quebrantas la maldición de pobreza.*

  ✦ **Malaquías 3: 7-9** *"Desde los días de sus antepasados no se han sometido a mis leyes, sino que se han apartado de ellas. Pero si se vuelven a mí, yo me volveré a ustedes. Yo, el Señor de los ejércitos, lo he dicho.»Pero ustedes dicen:«¿Cómo está eso de que debemos de volvernos a ti?» «¿Habrá quien pueda robarle a Dios? ¡Pues ustedes me han robado! Y sin embargo, dicen: "¿Cómo está eso de que te hemos robado?" ¡Pues me han robado en sus diezmos y ofrendas! Malditos sean todos ustedes, porque como nación me han robado."*

✦ Al entregar diezmos y ofrendas cierras la puerta a toda maldición financiera, los resultados pueden evidenciarse especialmente en el campo económico, identificándose como pobreza.

○ ***Tus bienes son guardados por Dios.***

✦ ***Salmo 121:8*** *"El Señor te estará vigilando cuando salgas y cuando regreses, desde ahora y hasta siempre.*

✦ Los enemigos de tus finanzas están vencidos en forma anticipada.

○ ***Tu provisión siempre llegará.***

✦ ***Salmo 37:25-26*** *"Yo fui joven, y ya he envejecido, pero nunca vi desamparado a un justo, ni vi a sus hijos andar mendigando pan. El justo es misericordioso, y siempre presta; sus hijos son para otros una bendición. Apártate del mal, y practica el bien; así vivirás para siempre."*

✦ Recuérdate que tú, como hijo de Dios obediente al dar al Señor, tienes promesa de que no estas desamparado y que siempre habrá pan sobre tu mesa, y aún tu descendencia será bendita.

❸ Tendrás abiertas las ventanas de los cielos. **Malaquías 3:10** *"Entreguen completos los diezmos en mi tesorería, y habrá alimento en mi templo. Con esto pueden ponerme a prueba: verán si no les abro las ventanas de los cielos y derramo sobre ustedes abundantes bendiciones. Lo digo yo, el Señor de los ejércitos."* El entregar el diezmo te está garantizando que serán derramadas las bendiciones del cielo en gran manera. No lo tienes que hacer solo por las bendiciones, sino porque tienes un corazón agradecido.

o *Tendrás buena cosecha*.

+ *Génesis 26:12-14* *"Isaac sembró en aquella tierra y Dios lo bendijo, y ese año cosechó cien veces lo sembrado y se hizo rico y prosperó. Tanto se engrandeció que llegó a tener mucho poder. Tuvo rebaños de ovejas y manadas de vacas, y mucha servidumbre. Los filisteos lo envidiaban."*

+ El diezmo es un paso de obediencia, las ofrendas y primicias son dos pasos de fe, en donde Dios promete que al igual que Isaac, cosecharás al ciento por uno, y serás muy próspero. El diezmo es una responsabilidad y las ofrendas y primicias una siembra en las que puedes cosechar al ciento por uno.

o *Recibirás bendición en todo lo que emprendas.*

+ **Deuteronomio 28:12** *"El Señor te abrirá su tesoro de bondad, que es el cielo, y en su tiempo te enviará la lluvia a tu tierra, y bendecirá todo lo que hagas con tus manos. Harás préstamos a muchas naciones, pero tú no pedirás prestado nada."*

+ Lo mejor del cielo caerá sobre ti, no es cualquier cosa, es el mejor tesoro de Jehová, y está garantizada la bendición sobre todo aquello que emprendas. Sea un negocio, arte, oficio, profesión o en cualquier otro tipo de actividad.

- Serás *tierra deseable.*

  + **Malaquías 3:12** "*Todas las naciones dirán que ustedes son bienaventurados, porque serán una nación envidiable. Lo digo yo, el Señor de los ejércitos.*"

+ Los que están alrededor tuyo te empezarán a decir que eres prospero, y que todo lo que haces Dios lo bendice.

Conclusión

David fue un ejemplo de un verdadero dador, en *1º Crónicas 29:14*, él confesó: "*Porque ¿quién soy yo, y quién es mi pueblo, para que pudiésemos ofrecer voluntariamente cosas semejantes? Pues todo es tuyo, y de lo recibido de tu mano te damos.*"

Repasa y pon en práctica lo aprendido.

Acá te dejamos un breve cuestionario para que lo respondas y entregues una copia aparte a tu líder inmediato o persona designada, al terminar de leer este libro.

1 ¿Qué beneficios obtienes al dar con gozo?

☐ Agradar a Dios, al cumplir su Palabra.

☐ Ser líder de Alabanza.

☐ Permites que Dios aleje al devorador.

☐ Tendrás abiertas las ventanas de los cielos.

☐ Todas las anteriores.

2 — ¿Qué espera Dios de ti con respecto a tus finanzas?

- ☐ Que lleves tus diezmos a la caja de tu iglesia.
- ☐ Que guardes los diezmos en la cuenta de tu banco.
- ☐ Que des tus ofrendas y primicias en la caja de tu iglesia.
- ☐ Que des tus ofrendas y primicias en alguna organización benéfica.
- ☐ Que des para proyectos de tu iglesia.
- ☐ Todas las anteriores.

3 — ¿Como funciona el orden Financiero de Dios? Selecciona las que corresponden:

- ☐ Que el 100% de tus ingresos te pertenecen a ti.
- ☐ Que el 100% de tus ingresos pertenecen a Dios.
- ☐ Que el 10 % de tus ingresos se los da Organización Mundial de la Salud.
- ☐ Que el 10% se lo entregas a Dios como diezmo.
- ☐ Que el 90% restante te lo da para que lo administre de la mejor manera.
- ☐ Todas las anteriores.

4 — ¿En tu presupuesto el diezmo, es lo primero que debes apartar para Dios?

- ☐ Verdadero
- ☐ Falso

5 ¿Ofrendar es dar cualquier cantidad aparte del diezmo?

☐ Verdadero

☐ Falso

6 Selecciona los beneficios que obtienes al tener abiertas las ventanas de los cielos:

☐ Recibo recompensa de mis Pastores.

☐ Tengo buena cosecha.

☐ Recibo bendición en todo lo que emprenda.

☐ Recibo mejor posición en la iglesia.

☐ Ser tierra deseable.

☐ Todas las anteriores.

7 Identifica los beneficios obtenidos al permitir que Dios aleje al devorador:

☐ Mejorar la salud de la familia.

☐ Quebrantas la maldición de pobreza.

☐ Tener una casa más grande para la familia.

☐ Tus bienes son guardados por Dios.

☐ Tu provisión siempre llegará.

☐ Todas las anteriores.

8 ¿El diezmo es un paso de obediencia, y las ofrendas y primicias son dos pasos de fe ?

☐ Verdadero

☐ Falso

9   La protección de Dios en nosotros ¿Qué es lo que aleja de sus hijos?

☐ Toda tentación de comer excesivamente.

☐ Toda maldición de pobreza y fracaso en los negocios.

☐ Toda maldición de pérdida en los juegos electrónicos.

☐ Las pérdidas de dinero por robo o enfermedades.

☐ Ninguna de las anteriores.

10   ¿El diezmo es una responsabilidad, y las ofrendas y primicias una siembra en las que puedes cosechar al ciento por ciento?

☐ Verdadero

☐ Falso

Cuestionario sobre el libro *"Compañeros de Oración"* del Autor John Maxwell

Capítulo 1 – Desate el potencial de la oración

1 La Oración puede cambiar a:

☐ El Mundo.

☐ A Mi.

☐ Ambos.

2 Si no oras:

☐ Tu vida será Victoriosa.

☐ Vivirás por debajo de tu potencial.

☐ Tendrás Problemas.

3 El Pastor es:

☐ Un Poderoso Gigante Espiritual.

☐ Un Hermano más en Cristo.

☐ Un ser humano con problemas igual que yo.

☐ Un Religioso de carrera.

Capítulo 2 – Conozca su Padre

4 Mi Relación con Dios se parece a esta relación:

☐ Al Matrimonio.   ☐ A la de jefe.   ☐ A la de Rey.

5 | **Actitudes que te ayudan a orar correctamente:**

☐ Alegre.

☐ Religioso.

☐ Espontáneo.

☐ Específico.

☐ De Corazón.

☐ Llorando.

☐ Reprendiendo a Satanás.

☐ Saltando.

☐ Sin Cesar.

☐ Todas las anteriores.

6 | **Para pedir bien ¿Qué pasos debo seguir?**

☐ Pedid, Buscad y Llamad.

☐ Haga la Lista, Léala varias veces, espere respuesta.

☐ Llorar por lo que necesito.

Capítulo 3 – Desarrolle técnicas prácticas de oración

7 | **Si verdaderamente quiero orar:**

☐ Ser honesto y reconocer que me falta deseo.

☐ Dejar de excusarse diciendo no tengo tiempo.

☐ Tendré tiempo para lo que me interesa.

☐ Dejar de hacer otras cosas para orar.

Seleccione algunas cosas que haré durante mi oración:

☐ Preparación (Lugar físico).

☐ Tiempo de escuchar a Dios.

☐ Tiempo de Confesión.

☐ Tiempo de Palabra.

☐ Tiempo de Dibujar.

☐ Tiempo de Meditar.

☐ Tiempo de Interceder.

☐ Tiempo de Petición.

☐ Tiempo de Correr.

☐ Tiempo de Fe.

☐ Tiempo de Agradecer.

☐ Tiempo de Dormir.

☐ Tiempo de llamadas.

9

¿Qué es lo más difícil al orar?

☐ Encontrar el lugar.

☐ Pedir, Buscar, llamar.

☐ Escuchar.

Capítulo 4 – Evite asesinos de oraciones personales

10 Selecciones tres asesinos de la oración:

☐ Pereza.

☐ Pecado no Confesado.

☐ Falta de FE.

☐ Falta de Tiempo.

☐ Desobediencia.

11 Selecciones tres asesinos de la oración:

☐ Falta de Honestidad (Trasparencia).

☐ Falta de un Lugar.

☐ Falta de Perdón.

☐ Demasiadas peticiones.

☐ Falsos Motivos.

12 Selecciones cuatro asesinos de la oración:

☐ Ídolos de la Vida.

☐ Indiferencia por los demás.

☐ Amar su Familia.

☐ No Reconocer al Padre.

☐ Voluntad Rebelde.

Expanda su enfoque de oración

13 Pasos para orar por otros:

☐ Que conozcan la voluntad de Dios.

☐ Que hagan la voluntad de Dios.

☐ Que crezca su relación con Dios.

☐ Que no se cansen.

14 / ¿Cómo se llama el acto de orar y rogar a Dios a favor de otros?

☐ Ayudar.

☐ Orar.

☐ Intercesión.

15 / ¿Cuáles son las características de un intercesor?

☐ Identificación.

☐ Sacrificio.

☐ Autoridad.

☐ Seriedad.

Capítulo 6 – Proteja sus pastores y asóciese a ellos

16 / El trabajo del pastor:

☐ Es lo más fácil del mundo.

☐ Es bien pagado.

☐ Es tan difícil que necesita de mis oraciones.

17 / Los pastores deben ser los únicos que oren por toda la iglesia

☐ Verdadero   ☐ Falso

18   Liste problemas que sufren los pastores.

☐ Soledad.

☐ Exceso de trabajo.

☐ Ataques Espirituales.

☐ Depresión.

☐ Sentirse Incapaces.

☐ Siempre les Falta el Dinero.

☐ Nadie los llama.

Capítulo 7 – Ore por su iglesia y su potencial

19   Dios quiere que la Iglesia este unida en Amor.

☐ Verdadero

☐ Falso

20   Oro por mi Iglesia.

☐ Continuamente.

☐ Con Poder.

☐ Oro para ganar almas.

☐ Que ore el pastor.

21 Si mi iglesia alcanza su máximo potencia

☐ Mi ciudad no ocuparía más iglesias.

☐ Veríamos la Gloria de Dios.

☐ Estaríamos llenos de Gozo.

Capítulo 8 – Sea Parte del Equipo "Compañeros de Oración"

22 Deberían los compañeros de oración orar por:

☐ Cada Servicio de mi Iglesia.

☐ Mis pastores.

☐ Durante el Servicio.

23 Investigaré el teléfono para participar en compañeros de Oración

☐ Verdadero

☐ Falso

24 ¿Como puedo ser parte del ministerio de compañeros de oración?

☐ Me hago miembro de mi Iglesia.

☐ Pido orientación para involucrarme.

☐ Me comprometo como compañero de oración.

Made in the USA
Columbia, SC
06 December 2024

47589041R00052